Robin Goodfellow

De la révolution industrielle

Suivi de :

Le mode de production capitaliste freine le progrès technique : la limite des coûts de production

Sommaire

Conclusion : Penser et classer les sciences

Le mode de production capitaliste freine le progrès technique : la limite des coûts de production

La révolution industrielle

Dans la section du «Capital» - Livre I - consacrée à la grande industrie, Marx dédie un chapitre au «Développement des machines et de la production mécanique».

Il commence par y rappeler ce point fondamental du communisme révolutionnaire : tout progrès de la force productive du travail, est un progrès dans l'exploitation de la force de travail prolétarienne et dans le raffinement de cette exploitation. Par conséquent, «l'emploi capitaliste des machines» n'est qu'«une méthode particulière pour fabriquer de la plus-value relative»[1].

Les chantres du progrès technique devront repasser ; celui-ci est donc directement tourné contre le prolétariat. La représentation qui associe le marxisme au culte du «progrès» est donc fallacieuse[2]. On ne doit pas en déduire que Marx n'étant pas «pour» le progrès technique il serait donc «contre». Comme toujours la pensée de Marx est dialectique. Si le machinisme est synonyme de développement de la plus-value relative, synonyme d'accroissement de l'exploitation de la force de travail, synonyme de valorisation accrue du capital du fait de l'accroissement de la survaleur, il est en même temps porteur avec le développement illimité de la productivité qu'il annonce des bases matérielles d'une société sans classes.

Il est fréquent d'associer économie et médecine. S'agissant de corps organiques, la comparaison n'est pas dénuée de fondement. De fait, parmi les économistes classiques, nombre d'entre eux étaient d'ailleurs des médecins (Petty, Quesnay, ...). Si les économistes sont les médecins du capitalisme, divisés en deux grandes écoles ; l'une recommandant les saignées et les clystères tandis que l'autre penche pour l'administration de produits psychotropes, dopants et

---

[1] Marx, Capital, L.I, Pléiade, T.1, p.914

[2] Par exemple : «Loin de s'énoncer comme la radieuse évidence de jadis, qui rassemblait dans la même croyance Victor Hugo (thuriféraire immodéré du progrès) et Aragon, Jules Ferry et Karl Marx, le concept de progrès ne se prononce plus aujourd'hui que dans une ambiance crépusculaire» (Robert Redeker, Le progrès ou l'opium de l'histoire, Editions Pleins feux, p.7)

euphorisants, Marx doit être vu comme un légiste[3]. Il ne fait pas la biologie du capital mais sa nécrologie[4]. C'est en se plaçant du point de vue de la société future que le corps est disséqué. Celle-ci est présente en négatif tout au long de son œuvre. Le point de vue scientifique et le point de vue révolutionnaire ne sont pas complètement séparables[5]. Ni économiste, ni philosophe, ni sociologue, Marx est communiste : c'est-à-dire critique des représentations théoriques des classes dominantes et acteur de leur renversement révolutionnaire.

Le concept de «révolution industrielle»[6] est partie prenante du marxisme[7]. Ce qui définit par conséquent cette «première»

---

[3] Avec la circonstance particulière que le légiste en question aurait participé à la mort de l'autopsié.

[4] Amadeo Bordiga (1889-1970)

[5] «Grâce à quelle clé magique Marx a-t-il réussi à pénétrer les secrets les plus profonds de tous les phénomènes capitalistes, à résoudre comme en se jouant des problèmes dont les plus grands esprits de l'économie politique bourgeoise, tels que Smith et Ricardo ne soupçonnaient même pas l'existence ? C'est simplement qu'il a conçu l'économie capitaliste tout entière comme un phénomène historique, dont l'histoire s'étend non seulement derrière elle, comme l'admettait à la rigueur l'économie classique, mais aussi devant elle ; c'est d'avoir considéré non seulement le passé, l'économie féodale, mais aussi l'*avenir socialiste*. Le secret de la théorie de la valeur chez Marx, de son analyse de l'argent, de sa théorie du capital, du taux de profit, et par conséquent de tout le système économique actuel, est la découverte du caractère éphémère et transitoire de l'économie capitaliste, son effondrement et par conséquent - ceci n'en est que l'aspect complémentaire - le but final socialiste. C'est uniquement parce que Marx considérait l'économie capitaliste en sa qualité de socialiste, c'est-à-dire *du point de vue historique*, qu'il put en déchiffrer les hiéroglyphes ; c'est parce qu'il se plaçait à un point de vue socialiste, pour analyser scientifiquement la société bourgeoise, qu'il put à son tour donner une base scientifique au socialisme.» (Rosa Luxemburg, Réforme ou révolution)

[6] Si Marx et Engels vont le fonder scientifiquement, le terme apparaîtrait en France, selon Claude Fohlen, en relation avec la mécanisation du textile (Normandie, Picardie, Flandres). L'expression fait référence, mais par dérision, à la révolution de 1789. Dans son sens plus actuel, on le trouve, en 1837, sous la plume d'Adolphe Blanqui (le frère aîné du révolutionnaire) : «John Wyatt, Lewis Paul, Richard Arkwright, James Hargreaves, Samuel Crompton, Edmond Cartwright, Berthollet et Bell

révolution industrielle – à supposer qu'il y en ait eu d'autres – c'est donc l'émergence de la machine.

«Il faut donc étudier comment le moyen de travail s'est transformé d'outil en machine et, par cela même, définir la différence qui existe entre la machine et l'instrument manuel.» (Marx, Capital L.1, Pléiade, T.1, p.914).

Marx d'ailleurs nous avertit tout de suite qu'on ne peut attendre de définition tranchée, abstraite de la machine. Une telle tentative, propre au mode de pensée métaphysique qui imagine qu'il est toujours possible de classer a priori la réalité, serait vouée à l'échec[8].

---

n'eussent pas inventé le premier, son métier à filer mécanique ; le second, sa carde cylindrique ; le troisième, son *rowing-frame* et *droxing-frame*, son métier continu et sa carde sans fin ; le quatrième, sa *spinning-Jenny* ; le cinquième, sa *Mull-Jenny*, le sixième, la navette volante ; le septième, le métier à tisser mécanique ; le huitième, l'art de blanchir le coton au chlore ; et le neuvième, celui d'imprimer les étoffes au cylindre sans fin. Je borne cette citation aux découvertes qui concernent la fabrication des étoffes de coton, parce que ce sont elles surtout qui ont opéré la révolution industrielle qui a changé les rapports des nations entre elles, qui ont fait pénétrer notre civilisation et nos connaissances dans tous les pays où nos tissus trouvaient une place, qui ont enfin donné à un grand nombre de travailleurs l'occupation et le salaire dont ils ont besoin pour vivre et soutenir leurs familles.» (Adolphe Blanqui, Cours d'économie industrielle, 1837-1838, Angé, 1838, p.42-43). [Dans le texte imprimé, l'inventeur de la navette volante – John Kay (1704-1780) a été oublié. NDR]

Il sera ensuite repris, en 1884, par l'historien britannique Arnold Toynbee (l'oncle de l'historien des civilisations). Paul Mantoux publie au début du XXe siècle, un ouvrage marquant sur la question. Mais c'est surtout après la deuxième guerre mondiale que le concept se répand hors des sphères «marxistes». Il y sera d'ailleurs en partie contesté (le terme de révolution sonne si mal aux oreilles des historiens de la bourgeoisie). L'analyse de Marx et toute sa portée révolutionnaire quand elle n'est pas ignorée, reste travestie, défigurée et toujours combattue.

[7] « La force de travail dans la manufacture et le moyen de travail dans la production mécanique sont les points de départ de la révolution industrielle » (Marx, Capital, L.I, Pléiade, T.1, p.914).

[8] Ce chapitre du « Capital » consacré au machinisme est d'ailleurs particulièrement intéressant sur un autre aspect de la question, en relation avec le développement du machinisme et plus généralement du progrès scientifique et technique, dans la mesure où il donne de nombreuses indications relatives à la dialectique.

Tout d'abord, ce progrès est tourné, nous l'avons vu, contre le prolétariat dont il s'agit d'extraire le maximum de plus-value. En même temps, pour tout un ensemble de raisons que nous n'évoquerons pas ici le mode de production capitaliste est conduit à freiner ce même progrès technique, à en limiter le potentiel, à en dévoyer les possibilités et à gaspiller les forces productives. De ce point de vue, la machine est innocente des maux qu'elle entraîne ; seul est en cause son usage capitaliste.

La machine et la révolution industrielle

Les composantes de la machine

De quoi s'agit-il donc avec la machine ? Marx montre que tout mécanisme développé se compose de trois parties fondamentalement différentes :

- le moteur

«Le moteur donne l'impulsion à tout le mécanisme. Il enfante sa propre force de mouvement comme la machine à vapeur, la machine électro-magnétique, la machine calorique, etc., ou bien reçoit l'impulsion d'une force naturelle externe, comme la roue hydraulique d'une chute d'eau, l'aile d'un moulin à vent des courants atmosphériques» (Marx, Capital, L.1, Pléiade, T.1, p.916).

Notons ici que la source d'énergie du moteur est indifférente par rapport au concept, ce qui ne veut pas dire que ce ne soit pas important dans l'étude historique, compte tenu notamment des répercussions que cela peut entraîner sur la forme de tout le dispositif, comme sur l'organisation sociale en général.

- la transmission

«La transmission, composée de balanciers, de roues circulaires, de roues d'engrenage, de volants, d'arbres moteurs, d'une variété infinie de cordes, de courroies, de poulies, de leviers, de plans inclinés, de vis, etc., règle le mouvement, le distribue, en change la forme, s'il le faut, de perpendiculaire en rotatoire et vice-versa, et le transmet à la machine-outil.» (Marx, Capital, L.1, Pléiade, T.1, p.916).

- la machine-outil

«La machine-outil est [...] un mécanisme qui, ayant reçu le mouvement convenable [peu importe ici de quoi (différents types de moteurs), et comment (transmission) NDR], exécute avec ses instruments les mêmes opérations que le travailleur exécutait auparavant avec des instruments pareils.» (Marx, Capital, L.1, Pléiade, T.1, p.916).

De ces trois éléments celui qui est caractéristique de la révolution industrielle du XVIIIe siècle est le troisième : la machine-outil. Les deux autres constituants n'ont pour fonction que de communiquer le mouvement qui permet l'action sur l'objet de travail par la machine-outil. Même si l'homme reste le moteur, transmet l'énergie, la révolution est accomplie par le remplacement de l'homme par la machine-outil.

Des conséquences révolutionnaires

Un développement illimité de la productivité du travail

Dans son essence même, dans son concept, la révolution industrielle suppose l'élimination de la main de l'homme du processus productif final, celui de l'outil attaquant l'objet du travail[9].

La révolution industrielle ne se traduit donc pas par la création de machines qui sont dans le prolongement de la main comme l'était l'outil, mais par l'élimination de l'homme du processus productif. En écartant l'homme du processus productif, on ouvre des perspectives grandioses à la productivité du travail. D'une part, le nombre des outils agissant simultanément peut être démultiplié, d'autre part, la vitesse d'exécution accrue.

---

[9] « Dès que l'instrument, sorti de la main de l'homme, est manié par un mécanisme, la machine-outil a pris la place du simple outil. Une révolution s'est accomplie alors même que l'homme reste le moteur » (Marx, Capital, L.1, Pléiade, T.1, p.917).

« C'est précisément cette dernière partie de l'instrument, l'organe de l'opération manuelle, que la révolution industrielle saisit tout d'abord, laissant à l'homme, à côté de la nouvelle besogne de surveiller la machine et d'en corriger les erreurs de sa main, le rôle purement mécanique de moteur » (Marx, Capital, L.1, Pléiade, T.1, p.917).

« La machine, point de départ de la révolution industrielle, remplace donc le travailleur par qui manie un outil par un mécanisme qui opère à la fois avec plusieurs outils semblables, et reçoit son impulsion d'une force unique, qu'elle qu'en soit la forme. » (Marx, Capital, L.1, Pléiade, T.1, p.919).

Potentiellement, donc, dans son concept même, la révolution industrielle induit la perspective d'un développement illimité de la productivité et avec lui la perspective d'une société sans classes. Avec la révolution industrielle, la bourgeoisie met en branle des forces productives qui entrent en conflit avec les buts limités de la production capitaliste à la recherche du maximum de plus-value. Ce conflit entre la tendance au développement illimité des forces productives et les rapports de production limités propres au mode de production capitaliste se traduisent par des crises générales de surproduction (des crises catastrophiques au sens où la société, pour des raisons sociales, est dévastée à l'instar des catastrophes naturelles) qui rappellent périodiquement que le temps d'une nouvelle société est présent. La tendance de ces crises est d'être toujours plus vastes et conduisent au renversement violent du capital.

Voilà notamment pourquoi le socialisme parle de révolution industrielle avec le phénomène du machinisme. Il ne s'agit pas seulement d'une évolution technologique, d'une nouvelle invention de l'histoire de l'humanité[10]. Son arrivée pose les bases matérielles du communisme en permettant un développement illimité de la productivité, en permettant une réduction permanente du travail nécessaire, en posant les bases d'une société d'abondance.

Développement du travail associé

Mais, ce n'est pas tout ! Le machinisme induit un procès de travail spécifique au mode de production capitaliste et crée de manière permanente le travail social associé. Il crée la classe de producteurs associés qui doit s'affranchir de la dictature du capital pour pouvoir achever le potentiel du machinisme, pour amener à un autre niveau, plus élevé, le degré de la force productive du travail.

« Dans la manufacture, la division du procès de travail est purement subjective ; c'est une combinaison d'ouvriers parcellaires. Dans le système de machines, la grande industrie crée un organisme de production complètement objectif ou impersonnel, que l'ouvrier

---

[10] L'importance de la révolution industrielle n'avait pas échappé à l'historien Eric Hobsbawm : « l'évènement le plus important dans l'histoire du monde depuis l'apparition de l'agriculture et des villes » (cité par Jacques Brasseul, Une revue des interprétations de la révolution industrielle, Revue Région et développement, n°7, 1998.)

trouve là, dans l'atelier, comme la condition matérielle toute prête de son travail. Dans la coopération simple et même celle fondée sur la division du travail, la suppression du travail isolé par le travailleur collectif semble encore plus ou moins accidentelle. Le machinisme, à quelques exceptions près que nous mentionnerons plus tard, ne fonctionne qu'au moyen d'un travail socialisé ou commun. Le caractère coopératif du travail y devient une nécessité technique dictée par la nature même de son moyen.» (Marx, Capital, L.1, Pléiade, T.1, p.930-931)

Un procès de travail spécifiquement capitaliste : la subordination réelle du travail au capital

Nous avons souvent abordé le fait que le mode de production capitaliste connaissait une modification qualitative de son procès de production et tout particulièrement de son procès de travail. Marx nous dit que la subordination du travail au capital devient réelle[11]. Celle-ci correspond justement à l'avènement de la révolution industrielle. Dès lors que le procès de travail est spécifiquement capitaliste, tout l'appareil productif se trouve entraîné dans un bouleversement constant. Ce mouvement, qui a lieu au départ en s'étendant d'une sphère de la production à l'autre, influence à son tour d'autres secteurs de la société, notamment les moyens de transport et de communication.

«Le bouleversement du mode de production dans une sphère industrielle entraîne un bouleversement analogue dans une autre. On s'en aperçoit d'abord dans les branches d'industrie qui s'entrelacent comme phases d'un procès d'ensemble, quoique la division sociale du travail les ait séparées, et métamorphosé leurs produits en autant de marchandises indépendantes. C'est ainsi que la filature mécanique a rendu nécessaire le tissage mécanique, et que tous deux ont amené la révolution mécanico-chimique de la blanchisserie, de l'imprimerie et de la teinturerie. De même encore, la révolution dans le filage du coton a provoqué l'invention du gin pour séparer les fibres de cette plante de sa graine, invention qui a rendu seule possible la

---

[11] Auparavant cette subordination du travail au capital n'était que dans la forme. Le capital dominait le travail salarié, poursuivait son but exclusif : la production d'un maximum de plus-value mais le procès de travail reposait sur des moyens de production hérités des anciennes formes de production.

production du coton sur l'immense échelle qui est aujourd'hui devenue indispensable» (Marx, Capital, L.1, Pléiade, T.1, p.928)

Initiée avec la révolution industrielle[12], la subordination réelle du travail au capital prend son essor entre le dernier quart du XVIIIᵉ et le premier tiers du XIXᵉ siècle.

Donc, dès lors que la révolution industrielle est consommée, dès lors que s'affirme un procès de travail propre au mode de production capitaliste qui se définit par la subordination réelle du travail au capital sont jetées les bases matérielles du communisme. A partir de ce moment-là, non seulement le communisme est possible, mais il est une nécessité pour libérer les forces productives du carcan des rapports de production capitalistes. C'est aussi parce que le communisme est possible que naît la conscience moderne de celui-ci avec le marxisme et la constitution de la classe prolétarienne en parti politique indépendant. Selon la conception matérialiste de l'histoire, le socialisme moderne, scientifique en opposition au socialisme utopique, s'affirme donc dès la fin de la première moitié du XIXᵉ siècle.

De la machine-outil à la machine à vapeur

Le mécanisme d'ensemble

Revenons à la démonstration de Marx. Nous l'avons laissé avec la machine-outil et le cœur de la révolution industrielle. L'ensemble du dispositif prend la forme suivante, la machine-outil étant l'élément clé qui définit la révolution industrielle :

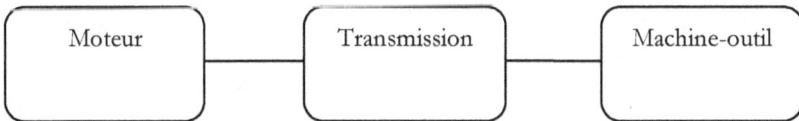

Moteur	Transmission	Machine-outil

Le moteur et la machine à vapeur

Dès lors que la révolution industrielle remplace l'homme qui manie l'outil par la machine, s'ouvre la généralisation de ce processus à une autre composante essentielle de ce mécanisme : le moteur.

---

[12] Avec toutes les précautions d'usage, Marx date précisément son point de départ, 1735, avec l'invention de la machine à filer de John Wyatt.

«Dès que l'outil est remplacé par une machine mue par l'homme, il devient bientôt nécessaire de remplacer l'homme dans le rôle de moteur par d'autres forces naturelles» ((Marx, Capital, L.1, Pléiade, T.1, p.919)

Le machinisme implique une recherche de régularité, de permanence, de puissance et de contrôle de celle-ci, de vitesse dans l'action du moteur. Marx passe en revue diverses forces motrices qui constituent autant de leçons du passé quant à l'utilisation de certaines sources d'énergie[13]. C'est dans ce contexte que s'inscrit la machine à vapeur. Si elle n'est pas au cœur de la révolution industrielle (car, encore une fois, c'est la machine-outil et non la fabrication d'énergie qui joue ce rôle), si elle est enfantée par la révolution industrielle plus qu'elle ne la fonde[14], elle permet de dépasser les limites rencontrées par les autres forces motrices.

«Ce n'est qu'avec la machine à vapeur à double effet de Watt[15] que fut découvert un premier moteur capable d'enfanter lui-même sa propre force motrice en consommant de l'eau et du charbon et dont le degré de puissance est entièrement réglé par l'homme.» (Marx, Capital, L.1, Pléiade, T.1, p.921)

Effets en retour de la machine à vapeur

La machine à vapeur va également avoir des conséquences importantes. Sa mobilité permet de concentrer dans les villes une production jusque-là disséminée dans les campagnes. Un

---

[13] L'homme « est un agent très imparfait dans la production d'un mouvement continu et uniforme » [sans compter sa tendance naturelle à la "flânerie" comme disait Taylor…], « De toutes les forces motrices » héritées de la période précédente, « le cheval était le pire », il « a sa tête » et s'avère « dispendieux », le vent est « trop inconstant et trop difficile à contrôler », l'eau « ne peut pas être augmentée à volonté », l'action de la force motrice des moulins est « inégale », etc. (Marx, Capital, L.1, Pléiade, T.1, p.928)

[14] « La machine à vapeur elle-même, telle qu'elle exista, pendant la période manufacturière, à partir de son invention vers la fin du XVIIe jusqu'au commencement de 1780, n'amena aucune révolution dans l'industrie. Ce fut au contraire la création des machines-outils qui rendit nécessaire la machine à vapeur révolutionnée. » (Marx, Capital, L.1, Pléiade, T.1, p.918)

[15] C'est-à-dire après 1780 et donc près de 50 ans après la machine à filer de Wyatt et près d'un siècle après son invention.

commentateur de l'époque faisait remarquer que «l'engin à vapeur est le père des villes manufacturières»[16].

D'autre part, cette application technique a une portée universelle. Aussi la retrouve-t-on notamment dans la révolution des transports (chemins de fer, navigation à vapeur, par exemple) qui sont le corollaire de la révolution industrielle.

Un autre aspect de la machine à vapeur mérite d'être souligné. Elle est l'occasion pour Frédéric Engels d'écrire une des plus belles pages sur la dialectique[17]. Le pendant dialectique d'une relation n'est pas systématiquement présent dans l'espace propre à un temps donné. Quand il n'existe pas, la pensée dialectique autorise à l'anticiper. Dès lors que l'homme a réussi à maîtriser le feu, sous l'action du frottement, événement considérable s'il en fut, il a converti un mouvement mécanique en chaleur. Ce n'est que des milliers d'années plus tard que la dialectique du processus aura épuisé son cycle avec la conversion de la chaleur en mouvement mécanique, et donc avec la machine à vapeur.

Une nouvelle étape est franchie dès que les machines puis les moteurs sont eux-mêmes produits avec les machines. Dès lors la grande industrie «peut marcher sans lisières»[18] .Ce phénomène intervient dans le premier tiers du XIXe siècle pour les machines. Dans le second tiers, la construction de voies ferrées et la navigation à vapeur rendent nécessaires des «machines cyclopéennes»[19] pour la fabrication des premiers moteurs. Cette phase, nous l'avons vu concerne des machines consacrées à la construction des premiers moteurs pour la navigation océanique notamment et elle concerne le second tiers du XIXe siècle ; elle est donc postérieure d'un siècle au début de la révolution industrielle.

De nos jours, avec la micro-électronique, il pourrait paraître tentant d'opposer à cette phase de la révolution industrielle une phase plus moderne d'où ce gigantisme aurait, sinon disparu, du moins été minimisé. Mais imaginer que les forces productives modernes n'ont pas épousé le grand c'est vouloir ignorer, par exemple, les centrales nucléaires et leurs immenses cheminées et leur chaudronnerie particulièrement sophistiquée pour les cuves à combustibles, c'est

---

[16] A. Redgrave, cité par Marx, Capital, L.1, Pléiade, T.1, p.929

[17] Engels, Dialectique de la nature, Editions sociales, p.116

[18] Marx, Capital, L.1, Pléiade, T.1, p.929

[19] Marx, Capital, L.1, Pléiade, T.1, p.929

ignorer ce qu'est une usine sidérurgique moderne avec son train de laminoir, c'est ignorer toute l'industrie de la pétrochimie avec ses installations de craquage et de raffinage, c'est ignorer la production de pétroliers géants et d'autres bateaux à la taille inégalée, les avions cargos susceptibles de convoyer en un seul vol de quoi alimenter une ville entière; les trains à grande vitesse, c'est ignorer les considérables ouvrages d'art, tunnels (que l'on songe au tunnel sous la Manche ou au pont tunnel reliant le Danemark à la Suède), ponts à grande portée, immeubles de grande hauteur. Si l'accélérateur de particules américain n'a pas été achevé, celui du CERN, trois fois moins grand avec son anneau de 27 kilomètres, reste cependant la machine la plus sophistiquée jamais construite par l'homme. Last but not least, l'arsenal militaire est capable désormais de détruire plusieurs fois la planète. Bref, jamais la bourgeoisie n'a mis en œuvre autant de forces productives (et de forces destructrices) pharaoniques. Que ce soit dans le domaine de l'infiniment petit ou de l'infiniment grand, plus que jamais la bourgeoisie a dirigé un développement des forces productives qui montre ce que l'espèce humaine est capable de réaliser. Si le «Manifeste du parti communiste» est un éloge de la bourgeoisie, il est nécessaire d'en écrire un deuxième.

Vers l'automatisme intégral

Dès lors dans toutes les composantes du système mécanique, l'homme est écarté. On en arrive, dans le concept, au système automatique. L'automatisation intégrale du procès de production est donc entièrement inscrite dans le concept de révolution industrielle. La machine isolée cède la place au système de machines, ce que Marx appelle la "Maschinerie" (en allemand), le plus souvent traduit par "machinisme" mais que l'on peut aussi traduire par "machinerie".

«(...) le moteur acquiert de son côté une forme indépendante, complètement émancipée des bornes de la force humaine. La machine-outil isolée, telle que nous l'avons étudiée jusqu'ici, tombe par cela même au rang d'un simple organe du mécanisme d'opération. Un seul moteur peut désormais mettre en mouvement plusieurs machines-outils.» (Marx, Capital, L.1, Pléiade, T.1, p.921)

Le caractère dialectique des inter-relations ainsi produites est développé par Marx dans la phrase qui suit :

«Avec le nombre croissant des machines-outils auxquelles il doit simultanément donner la propulsion, le moteur grandit, tandis que la transmission se métamorphose en un corps aussi vaste que compliqué.» (Marx, Capital, L.1, Pléiade, T.1, p.921)

Le développement réciproque de ces différents éléments amène finalement au système automatique de machines, qui constitue le machinisme développé[20]

«Le système des machines-outils automatiques recevant leur mouvement par transmission d'un automate central, est la forme la plus développée du machinisme productif. La machine isolée a été remplacée par un monstre mécanique qui, de sa gigantesque membrure, emplit des bâtiments entiers ; sa force démoniaque, dissimulée d'abord par le mouvement cadencé et presque solennel de ses énormes membres, éclate dans la danse fiévreuse et vertigineuse de ses innombrables organes d'opération.» (Marx, Capital, L.1, Pléiade, T.1, p.925-926)

Avant de clore ce chapitre, faisons remarquer deux choses qui peuvent être utiles pour analyser la portée effective d'autres «révolutions industrielles »

1° Outre les transports, ce sont les moyens de communication qui sont bouleversés par la révolution dans l'industrie et l'agriculture avec notamment le télégraphe.

2° La machine permet de produire des formes qui sont hors de portée du travail manuel le plus habile et le plus expérimenté.

En résumé :

Il y a bien une révolution industrielle, qui débute au cours du 18° siècle. Ce concept est partie prenante du marxisme.

Il ne s'agit pas d'une simple litanie d'inventions ou d'une révolution simplement «technologique» ; la révolution industrielle bouleverse les conditions de la production en créant d'une part, la classe du prolétariat moderne et le travail associé, d'autre part le potentiel

---

[20] « Accueilli dans le processus de la production capitaliste, le moyen de travail subit toute une série de métamorphoses, dont la dernière est représentée par la *machine,* ou plutôt par *un système automatique de machines* (les *machines automatiques* ne sont que la forme la plus achevée et la plus adéquate, qui transforme finalement le machinisme en système) mis en mouvement par un automate, force motrice qui se meut elle-même." (Marx, Principes d'une critique de l'économie politique, Grundrisse, Pléiade, T.2, p.297).

productif pour asseoir la base matérielle d'une société sans classes. Non seulement les classes sociales ne sont plus nécessaires mais elles deviennent un obstacle au développement de la force productive du travail.

Dans ces conditions, le concept même d'une «seconde» révolution industrielle ou d'une série de révolutions technologiques successives perd une bonne partie de son assise matérielle. C'est sur la base du machinisme développé que s'ouvre la perspective d'une expansion illimitée de la productivité du travail, quelles que soient les formes techniques dans lesquelles elle s'inscrit et les différents moments qu'elle connaît au cours de l'histoire du mode de production capitaliste. Le cours ouvert par la révolution industrielle (sans numéro d'ordre désormais) se déroule ensuite avec certes des évolutions, des ruptures et des singularités qu'il est nécessaire d'identifier et dont il faut analyser la portée, mais dans le droit fil de ce qui émerge avec les débuts du machinisme.

La «seconde» révolution industrielle.

Premier bilan

Nous avons montré que le concept de révolution industrielle appartenait à la théorie communiste et qu'il fallait le rattacher à la prévision du communisme, dont les bases matérielles sont rendues possibles par le développement même du machinisme.

Nous pouvons maintenant nous pencher sur le concept de «seconde révolution industrielle». Nous avons vu qu'avec la révolution industrielle, il ne s'agissait en rien d'une litanie d'inventions mais d'un saut qualitatif dans le mode de production capitaliste avec l'émergence d'une technologie spécifiquement capitaliste, qui permet au capital de se subordonner réellement le travail. Comme le concept de révolution industrielle épuise, rappelons-le, la question du développement de la productivité et de l'automation, les bases matérielles pour une nouvelle révolution industrielle sont passablement altérées ; il n'y a plus de fondement matériel avéré pour justifier un concept du type «révolution industrielle» dont nous avons essayé de montrer l'ampleur comme les conséquences. Mais ce n'est pas parce que le concept est épuisé, nonobstant le fait qu'un concept n'atteint jamais la réalité et doit se perfectionner, qu'il est réalisé. Entre le début de la révolution industrielle et un monde, illusoire, où toute production serait automatisée, il y a justement la place pour que le concept se réalise, pour que la réalité rejoigne le concept et au besoin conduise à le préciser. Par conséquent, nous pouvons d'emblée émettre des doutes sur la portée d'un concept comme celui de «seconde révolution industrielle». Le concept est absent du marxisme alors que Marx et Engels en ont été les contemporains, si nous nous référons à certaines acceptions du terme. En même temps, pour autant qu'il y ait des singularités, des moments particuliers, des accélérations et des sauts qualitatifs dans le déploiement du concept, il importe de les saisir et d'expliciter leur signification. Il est certain qu'avec le concept de «seconde révolution industrielle», nous sommes dans les brumes idéologiques où les intelligences représentant la bourgeoisie aiment à se perdre. Nous devons donc à la fois critiquer cette idéologie et, si cela a un sens, montrer ce qu'il advient effectivement dans le cours du mode de production capitaliste.

Un concept confus et protéiforme : sa représentation la plus consensuelle

Le concept de «seconde révolution industrielle» se présente tout d'abord sous le signe de la confusion intellectuelle la plus totale. Existe-t-elle ? Quand a-t-elle commencé ? Quelle est sa caractéristique ? Sur toutes ces questions règne la plus grande variété d'opinions.

Commençons par l'opinion la plus consensuelle. C'est celle qui figure dans les programmes d'histoire enseignés dans les lycées de France. Qu'enseigne la bourgeoisie à la jeunesse ?

Elle lui dit que, dans les dernières décennies du XIXe siècle, de nouvelles découvertes et innovations vont transformer les conditions de vie. On énumère ainsi :

- Les nouvelles sources d'énergie avec l'électricité et le pétrole (dynamo en 1871, transport à distance de l'électricité, hydroélectricité –1878 –, lampe à incandescence – 1879 –, moteur à explosion – 1893 – et moteur diesel ouvrent un avenir au pétrole) ;

- Les nouveaux moyens de communication (téléphone – 1876 –, phonographe – 1877 –, TSF – années 1890 –, cinéma – 1895 –)

- L'essor de la chimie (textiles artificiels, matières plastiques, engrais, parfums et colorants de synthèse)

- L'expansion de l'aluminium devenu grâce à l'électrolyse un métal moins coûteux. De son côté la métallurgie du fer connaît de nouveaux progrès.

- Les nouveaux moyens de transport (la marine à vapeur qui supplante la marine à voile, la bicyclette, l'émergence de l'automobile, l'invention de l'aviation) et la création de nouvelles voies de communication (Suez, Panama, chemins de fer transcontinentaux).

- Et d'autres éléments liés au développement scientifique et médical comme la réduction de la mortalité sous l'impulsion des travaux de Pasteur.

Selon ce point de vue, la seconde révolution industrielle émerge donc dans les années 1870 et repose sur un éventail de découvertes aboutissant à une nouvelle civilisation matérielle (électricité, automobile, chimie…).

Mais comme les discontinuités ne sont pas faciles à établir[21], certains auteurs éprouvent le besoin de renforcer leur point de vue en

---

[21] Par exemple, la chimie prend son essor avec Lavoisier et encore plus avec Dalton. Nous sommes au tout début de au tout début du XIXe siècle. Nous pouvons d'ailleurs constater qu'un savant de la fin du XIXe siècle comme Berthelot, qui devint ministre de l'éducation et opposant à la théorie d'Avogadro, consacre un livre à la « révolution chimique ». Il s'agit dans son esprit de l'œuvre de Lavoisier. « Ces découvertes et ces transformations scientifiques offrent dans la manière dont elles se sont produites un caractère saisissant, pareil avec celui de la Révolution sociale, avec laquelle elles ont coïncidé : elles n'ont pas été effectuée graduellement, par la lente évolution des années et les travaux accumulés de plusieurs générations de penseurs et d'expérimentateurs. Non ! elles se sont au contraire produites subitement : quinze ans ont suffi pour les accomplir » (Marcellin Berthelot, La révolution chimique : Lavoisier, 1889, p.17)

L'électricité a connu aussi de nombreux développements à partir de 1820 (Oersted, Ampère, Faraday). Marx y fait directement allusion dans le « Capital » : « (…) il en est de la science comme des forces naturelles. Les lois des déviations de l'aiguille aimantée dans le cercle d'action d'un courant électrique, et de la production du magnétisme dans le fer autour duquel un courant électrique circule, une fois découvertes, ne coûtent pas un liard. Mais leur application à la télégraphie, etc., exige des appareils très coûteux et de dimension considérable. L'outil, comme on l'a vu, n'est point supprimé par la machine; instrument nain dans les mains de l'homme, il croît et se multiplie en devenant l'instrument d'un mécanisme créé par l'homme. Dès lors le capital fait travailler l'ouvrier, non avec un outil à lui, mais avec une machine maniant ses propres outils. » (Marx, Capital, L.I, Pléiade, T.1, p. 931)

Quant aux Suisses, ils revendiquent l'invention des voitures automobiles avant la fin du XVIIIe siècle et celle du moteur à explosion au tout début du XIXe siècle (Isaac de Rivaz).

D'autre part, la perception de ce qui est déterminant dans les inventions varie avec les époques. Par exemple, les historiens de la fin du XIXe siècle avaient pour habitude de mettre sur le même pied que la machine à vapeur l'invention de Nicolas Leblanc qui permettait de produire de la soude à partir du sel marin. La soude étant un composant essentiel pour de

mettant en avant des aspects plus «structurels». Ainsi, Yves Crozet et Christian Le Bas, dans le tome I de l' «Economie mondiale – de la révolution industrielle à 1945 -» édité chez Hachette, considèrent que la science n'a joué qu'un rôle mineur lors de la première révolution industrielle, tandis qu'à la fin du XIXe siècle, elle peut devenir le «centre même de la production» et agir sur les «structures productives». Une idée similaire est défendue, par exemple, par Franck Achard, enseignant en histoire des sciences : «Dans les années 1870, l'Europe et plus particulièrement la Grande-Bretagne connaissent ce que les historiens ont appelé la seconde révolution industrielle : le développement d'une industrie s'appuyant sur la recherche scientifique» (Cahiers de science et vie – Le cas du champ électromagnétique, p.78).

Un concept tourné contre la théorie révolutionnaire

Au premier abord, on ne peut qu'être frappé par la différence entre la grandiose analyse du contenu de la révolution industrielle telle que l'établit, nous l'avons vu, le communisme révolutionnaire (automatisation, mise à l'écart de l'homme dans le procès de production, croissance illimitée de la productivité, nouveau procès de travail spécifiquement capitaliste, développement du travail associé, bases matérielles du communisme) et de l'autre côté la pauvreté de l'argumentation bourgeoise qui se résume à égrener des inventions. Non pas que certaines inventions n'auraient pas d'importance, la lumière électrique et l'automobile sont devenus une évidence pour une majorité dans les pays où le mode de production capitaliste est le plus développé[22], mais ici, nous avons affaire à une litanie d'inventions que rien ne relie, sans aucune force conceptuelle. Là où, pour le socialisme, nous avons un concept dont la portée sociale est révolutionnaire (et d'ailleurs connotée en tant que telle[23]),

---

nombreuses industries vitales (blanchiment des textiles, savonnerie, verrerie, teinture).

[22] De ce point de vue, Lénine (qui deviendra, comme le Tsar, un client de Rolls-Royce) sous estimait énormément la possibilité du développement de l'automobile.

[23] Les historiens bourgeois qui ont choisi de ne pas édulcorer le concept de « révolution industrielle » mais de le combattre, parfois pour de bonnes

nous trouvons, pour les historiens de la bourgeoisie, une histoire de la technologie quand ce n'est pas simplement une histoire des sources d'énergie. Si l'on suit cette dernière approche, la [première] révolution industrielle aurait pour caractéristique, le charbon, la machine à vapeur et le chemin de fer, et la seconde, l'électricité, les plastiques et l'automobile. Mais, au fond, rien n'est dit de la rupture, du saut qualitatif qui justifierait une nouvelle révolution industrielle. Nous pouvons donc constater que toute la force de l'analyse communiste et de ses conséquences est évacuée, passée sous silence, ignorée ou édulcorée au profit d'une vision purement technologique. La critique radicale du mode de production capitaliste, l'annonce de son dépassement, la formidable dimension sociale et politique du concept sont gommés au profit d'une histoire de l'énergie et des moyens de transport et de communication.

Quant à l'incorporation de la science au capital, c'est dès le début de la production capitaliste, que les connaissances se retournent contre le prolétaire et se développent unilatéralement ; le capital les accapare. Ce phénomène s'amplifie avec la production manufacturière pour culminer avec la grande industrie : la science devient une force productive indépendante, enrôlée par le capital. Cependant, les sciences ne se développent pas à la même vitesse et si certaines comme la mécanique naissent avant l'arrivée du capitalisme moderne, c'est avec celui-ci que se développent (de façon inégale) les sciences où la complexité des relations est plus grande[24], tandis qu'elles reçoivent l'impulsion nécessaire à leur développement[25]. Le mode de production capitaliste moderne ne cesse de bouleverser les conditions de production.

---

raisons quand ils contestent la série des révolutions industrielles, proposent, en général, le terme d'industrialisation.

[24] « La base scientifique de la grande industrie, la mécanique (…) en un certain sens était achevée au 18e siècle. C'est seulement au 19e siècle, dans les dernières décennies plus précisément, que se développent les sciences qui fournissent *directement* à un haut degré des bases spécifiques aussi bien à l'agriculture qu'à l'industrie, la chimie, la géologie, la physiologie. » (Marx, Théories sur la plus-value, T.2, pp.116-117)

[25] « Vous dites que la technique dépend pour une grande partie du niveau de la science. Or, celle-ci dépend infiniment plus du niveau et des exigences de la technique. Quand la société a un besoin technique cela

Dès lors, la question prend donc un tout autre éclairage. Le concept de «seconde révolution industrielle» n'apparaît ici que comme un moyen de relativiser, d'édulcorer, d'aseptiser, de désarmer le concept de «révolution industrielle». Il s'agit de le faire rentrer dans l'ordre, de le faire marcher au pas, de lui ôter toute portée révolutionnaire. Il s'agit de circonvenir la signification que lui donne le socialisme scientifique, pour ramener le concept, assagi, castré, dans le camp bourgeois. A l'annonce du renversement violent du mode de production capitaliste succède sa marche triomphale vers le progrès rythmé par des «révolutions industrielles» successives.

Dans le point de vue des historiens bourgeois, il y a un lapsus qui est révélateur. En bon français, quand on parle de «**seconde** révolution industrielle», (de même quand on parle de «**seconde** guerre mondiale»), c'est qu'on n'en attend pas de troisième, sinon il faudrait dire «deuxième». La «seconde» n'est donc là que pour relativiser la «révolution industrielle», la transformer en «première révolution industrielle» et la faire ainsi verser dans l'ornière bourgeoise.

Cela ne veut pas dire pour autant qu'il n'y ait pas certaines périodes particulières où le cumul des inventions ou une invention spécifique, des découvertes, des réalisations scientifiques, ne revêtent pas une signification spéciale. Le socialisme a une idée sur le classement de ces résultats mais, nous le verrons, ce n'est pas par rapport à une énumération de découvertes et encore moins par rapport à une histoire des sources d'énergie.

En tous cas, nous sommes arrivés à un premier résultat : dans une première acception du terme, le concept de «seconde révolution industrielle» n'a pas de contenu spécifique par rapport au concept de révolution industrielle. Bien plus, il est directement tourné contre la théorie prolétarienne avec la volonté de ravaler le concept au rang de révolution technologique, en la banalisant sous l'angle d'une simple histoire des inventions et des sources d'énergie. Ce concept autorise ensuite toutes les confusions, puisque, selon l'angle

---

donne plus d'impulsion à la science que ne le feraient dix universités. Toute l'hydrostatique (Torricelli, etc.) a été suscitée, en Italie aux XVIe et XVIIIe siècles par le besoin vital de régulariser les torrents de montagne. Nous ne savons quelque chose de rationnel de l'électricité que depuis qu'on a découvert son utilisation technique. » (Engels à Borgius - 25/1/1894)

technologique qui sera valorisé, on pourra comptabiliser différemment des «deuxième», puis «troisième», ..., révolutions industrielles. Par exemple pour ceux qui ont avalisé la poussée d'inventions scientifiques des années 1870 comme «seconde» révolution industrielle, l'ère ouverte avec l'informatique, les micro-processeurs dans les années 1950 serait une «troisième» révolution industrielle. En revanche, pour d'autres, que nous analysons ci-après, cette dernière période est celle d'une «seconde» révolution industrielle. A peine la troisième révolution industrielle est-elle achevée (?) que certains annoncent la perspective d'une quatrième révolution industrielle à base d'internet, de robotique et d'usine intelligente. Selon les thuriféraires stipendiés du mode de production capitaliste, l'usine 4.0 est en marche.

Bref, disons donc clairement ici que, par rapport à toute cette confusion, le communisme n'en reconnaît qu'une seule, contemporaine et fondatrice du capitalisme moderne, dont elle signifie également le dépassement.

Mercantis en embuscade sur le front de la pensée

Venons-en à un deuxième groupe d'opinion sur cette expression de "seconde révolution industrielle". Cet ensemble lui-même possède à son tour de multiples nuances. Commençons par les plus radicaux, fer de lance de ce que d'autres encore appelleront la «troisième révolution industrielle». Ce groupe est composé par les capitaines d'industrie de la branche électronique et informatique. Il affirme que c'est Internet qui fonde une seconde révolution industrielle. Par exemple, le patron de Cisco, société qui avec un chiffre d'affaires de 12,5 milliards de dollars est le premier fournisseur mondial de solutions réseaux pour Internet, déclare :

«Il y a cinq ans, nous prédisions que nous nous trouvions au centre d'une seconde révolution industrielle qui allait modifier profondément l'avenir du pays, des entreprises et des personnes. Aujourd'hui, Internet est déjà devenu le principal moteur de croissance de l'économie... La seconde révolution industrielle ne fait que commencer, et les états et les entreprises du monde entier se tournent vers Cisco comme l'expert Internet, pour les aider à adapter leurs modèles d'affaires et leurs pays à cette nouvelle ère. Nous sommes par conséquent très satisfaits des résultats que nous avons atteint dans toutes les lignes de produits, domaines d'activités et centres géographiques.» (John T. Chambers, Président de Cisco Systems, 11 août 2000).

Même opinion, à l'autre bout de l'échelle des affaires, avec ce créateur de jeune pousse : «De formation universitaire (HEC), j'ai choisi de me spécialiser dans le marketing en 1985 et j'ai fondé Aequalis en 1991. Début 1995, j'ai entendu parler d'Internet pour la première fois et j'ai commencé à surfer. J'ai eu l'idée en 1997. Après avoir conçu plusieurs sites web pour nos clients, j'avais envie de développer mon propre produit, car j'étais convaincu du potentiel énorme de l'Internet : une sorte de seconde révolution industrielle où les trains partent les uns après les autres.» (Robert Palm, créateur d'une jeune pousse en Suisse).

Ici, on ne s'embarrasse guère de réflexion, la conceptualisation est directement en prise avec les intérêts immédiats du capital. Il s'agit de convaincre les clients qu'ils ont à faire non pas avec une troisième révolution industrielle, ce qui serait minimiser l'événement, mais avec une seconde, donc un événement extraordinaire qui n'intervient que tous les deux ou trois siècles. Une telle révélation ne peut que les inciter à l'achat de ces produits indispensables pour ne pas rater la nouvelle Jérusalem.

Les charlatans stipendiés du conseil d'entreprise

Dans la même veine, mais avec une ligne différente qui tient aux places différentes que ces acteurs occupent, nous trouvons la littérature d'Andersen (pas celui qui écrit des contes, mais celui qui falsifie les comptes…). Les capitalistes grands ou petits impliqués directement dans le secteur d'Internet ont tout intérêt à dramatiser et magnifier leur offre. Les cabinets de conseil qui ne peuvent pas, du fait de leur position, ignorer les progrès accomplis par leurs clients qui appartiennent à toutes les branches des affaires, vont emboucher la même trompette mais en la dotant d'un son plus «historique». Andersen s'est particulièrement illustré en 2001 quand le scandale de l'affaire Enron éclaté. On découvrira alors que cette société a couvert le trucage de comptes et détruit des documents. Compte tenu du fait que nous sommes dans le domaine de l'audit, donc une activité qui repose sur des documents et des pièces comptables qui ont une certaine objectivité, que ces comptes s'expriment dans un dénominateur commun, le dollar et dans un cadre défini, le plan comptable, on peut mesurer la latitude qu'ont ces sociétés dès lors qu'il s'agit d'une activité plus subjective comme le conseil. Exploitant la crédulité et la naïveté des chefs d'entreprise et des actionnaires, ces sociétés peuvent raconter n'importe quoi du moment que c'est prometteur de revenus faciles et importants. Elles portent une part de responsabilité dans la formation de la «bulle internet» de la fin des années 1990 et de l'intense et délirante spéculation qui s'est emparée de la planète capitaliste, sur la base des considérations imbéciles de la «nouvelle économie».

Laissons donc la parole aux charlatans des temps modernes :

« Peut-on parler de troisième révolution industrielle ? L'expression de révolution industrielle est de plus en plus utilisée à propos de la révolution liée aux technologies de l'information et de la communication. Mais, à quoi reconnaît-on au juste une révolution industrielle ? Dans une perspective longue d'évolution de l'économie mondiale, il s'agit de regarder comment l'arrivée de nouvelles technologies a pu contribuer à la transformation profonde de l'échange qui est la base de notre économie. Tout gain que les hommes parviennent à réaliser sur le temps et l'espace dans lequel s'organisent leurs échanges se traduit, pour eux, par des richesses supplémentaires.

Une révolution industrielle se caractérise par une nouvelle source d'énergie, un moteur et l'apparition d'un nouveau mode de communication et d'échange.

Au XIXe siècle, la première révolution industrielle a comme énergie le charbon, comme moteur la machine à vapeur et comme nouveau mode de communication le chemin de fer.

La seconde révolution industrielle démarre avec la Première guerre mondiale. Une nouvelle source d'énergie, le pétrole, permet le développement du moteur à explosion, puis de toute l'industrie automobile et aéronautique. Ces nouveaux moyens de communication génèrent une forte progression de l'économie mondiale tirée par les Etats-Unis.

La troisième révolution industrielle est caractérisée par une nouvelle source d'énergie, l'information ; de nouveaux moteurs apparaissent avec l'ordinateur et les systèmes d'information ; un nouveau mode de communication et d'échange se développe avec les réseaux et l'Internet.

Si cette économie immédiate, en réseau, que nous vivons est bien la marque d'un profond changement, alors osons accueillir la troisième révolution industrielle !» (Alain Richemond pour Andersen)

Il suffit de se reporter à l'analyse de la révolution industrielle que fait le socialisme pour mesurer à quel point le simplisme, pour ne pas dire l'imbécillité est érigée au rang de méthodologie par Andersen. Comme pour les auteurs ci-dessus, Andersen ne s'encombre pas de l'histoire ; pas même l'histoire des historiens bourgeois !

La seconde révolution industrielle intervient à la veille de la première guerre mondiale soit près d'un demi-siècle après le coup d'envoi proposé par les historiens bourgeois. Mais, il ne s'agit pas d'analyser les faits. Il s'agit selon les préceptes des cabinets de conseil de dégager des faits une systématisation pseudo rationnelle qui fera l'objet d'une grille d'analyse. On obtient ainsi une «méthodologie» d'analyse de la révolution industrielle grâce au triplet «source d'énergie – moteur – moyen de communication»[26]. L'idéal de ce type de société est ensuite de revendre de telles méthodologies en les faisant appliquer par des consultants moins expérimentés et donc moins bien payés. La recherche de méthodologies est donc une partie constitutive de leur système de pensée qui leur permet d'améliorer leur argumentaire de vente et d'obtenir un maximum de profit quitte à faire entrer au chausse-pied ou à coup de masse, le cas d'espèce qui leur est soumis dans la «méthodologie» abstraite qui a été élaborée. On pourra noter au passage comment cette démarche intellectuelle pour le moins sommaire fait sombrer dans la stupidité quand ce n'est pas dans le cynisme le plus abject. En effet faire coïncider la seconde révolution industrielle avec l'un des plus grands carnages impérialistes, la crise d'entre deux guerre et son aboutissement dans la seconde guerre mondiale qui verra l'émergence de l'ordinateur et donc le début de la «troisième» révolution industrielle, sans mentionner aucun de ces faits et prétendre qu'il s'agissait là d'une période de «forte progression de l'économie mondiale» laisse rêveur quant aux capacités intellectuelles de certains représentants de la bourgeoisie.

---

[26] On notera d'ailleurs la nullité crasse du raisonnement intellectuel qui assimile « l'information » à une énergie et l'ordinateur à un moteur.

Par conséquent, les fractions de la classe capitaliste directement liées à la production capitaliste dans le secteur de l'Internet militent pour l'existence d'une nouvelle révolution industrielle (seconde ou troisième suivant leur proximité avec le secteur). Nous verrons quand nous traiterons plus particulièrement de la troisième révolution industrielle d'autres facteurs constitutifs du discours.

Rien de neuf sous le soleil

Voyons maintenant un dernier grand type de discours. Celui-ci est tenu par certains milieux écologistes pour lesquels la seconde révolution industrielle est à venir et s'affirmera avec la révolution du solaire.

«Du point de vue de l'histoire de la civilisation, l'ère solaire signalise l'abandon de l'agglomération. Comme les activités économiques doivent toujours suivre les sources d'énergie, l'orientation vers des sources d'énergie décentralisées conduit à une décentralisation. L'économie solaire mondiale rendra techniquement impossible la concentration des ressources et des capitaux. Du fait que les ressources solaires sont intarissables, la possibilité d'un modèle de civilisation durable peut alors se développer. Comme l'on ne peut pas privatiser le soleil, personne ne pourra menacer les éléments de ce modèle de civilisation.

Le résultat en est une augmentation de la liberté individuelle, sociale et économique qui n'entrave pas la liberté d'autrui. L'orientation vers l'économie solaire mondiale exige une seconde révolution industrielle qui, d'autre part, doit être une révolution technique de l'énergie. Elle fera avancer les avantages de la première révolution industrielle mais surmontera ses inconvénients vitaux. Elle permet de généraliser l'évolution technique industrielle des forces de productivité pour l'ensemble de l'humanité.» (Hermann Scheer, (1944-2010), Ex-Président de l'Association européenne pour l'énergie solaire Eurosolar, lauréat du prix Nobel alternatif 1999, membre et député du SPD).

Dans cette vision de l'histoire, la révolution industrielle s'est emparée des sources d'énergie fossiles, charbon d'abord (pour la "première" révolution industrielle), puis pétrole (pour la "seconde"), avec pour conséquence induite la libération de gaz carbonique. Ici, nous n'avons qu'une histoire de l'énergie indépendante de toute histoire des modes de production, des relations entre les classes et des formes d'exploitation. A la limite, l'invention du feu y est vue comme un usage de la biomasse pour produire de l'énergie. Tout l'arc historique de l'espèce humaine est ramené à une évolution et une maîtrise des sources d'énergie. La lutte multi-millénaire de l'homme pour dominer la nature et s'élever au seuil où une société sans classes devient non seulement possible mais nécessaire n'est qu'un moment de l'histoire de l'économie fossile et l'histoire de l'espèce une activité polluante. La relation entre mode de production capitaliste et destruction de la nature n'est jamais mise en relief, au profit de lubies végétariennes[27], anti-vivisection, de refus des

---

[27] [27] « Le travail commence avec la fabrication d'outils. Or quels sont les outils les plus anciens que nous trouvons? Comment se présentent les premiers outils, à en juger d'après les vestiges retrouvés d'hommes préhistoriques et d'après le mode de vie des premiers peuples de l'histoire ainsi que des sauvages actuels les plus primitifs? Comme instruments de chasse et de pêche, les premiers servant en même temps d'armes. Mais la chasse et la pêche supposent le passage de l'alimentation purement végétarienne à la consommation simultanée de la viande, et nous avons à nouveau ici un pas essentiel vers la transformation en homme. *L'alimentation carnée* contenait, presque toutes prêtes, les substances essentielles dont le corps a besoin pour son métabolisme; en même temps que la digestion, elle raccourcissait dans le corps la durée des autres processus végétatifs, correspondant au processus de la vie des plantes, et gagnait ainsi plus de temps, plus de matière et plus d'appétit pour la manifestation de la vie animale au sens propre. Et plus l'homme en formation s'éloignait de la plante, plus il s'élevait aussi au-dessus de l'animal. De même que l'accoutumance à la nourriture végétale à côté de la viande a fait des chats et des chiens sauvages les serviteurs de l'homme, de même l'accoutumance à la nourriture carnée à côté de l'alimentation végétale a essentiellement contribue à donner à l'homme en formation la force physique et l'indépendance. Mais la chose la plus essentielle a été l'action de la nourriture carnée sur le cerveau, qui recevait en quantités bien plus abondantes qu'avant les éléments nécessaires à sa nourriture et à son développement et qui, par suite, a pu se développer plus rapidement et plus parfaitement de génération en génération. N'en déplaise à MM. Les végétariens, l'homme n'est pas devenu l'homme sans régime carné, et même si le régime carné a conduit à telle ou telle période, chez tous les peuples que nous connaissons, au cannibalisme (les ancêtres des Berlinois, les Wélétabes ou Wilzes, mangeaient encore leurs parents au Xe siècle), cela ne nous fait plus rien aujourd'hui.

Le régime carné a conduit à deux nouveaux progrès d'importance décisive: l'usage du feu et la domestication des animaux. Le premier a raccourci plus encore le processus de digestion en pourvoyant la bouche d'une nourriture déjà pour ainsi dire à demi digérée; la seconde a rendu le régime carné plus abondant en lui ouvrant, à côté de la chasse, une source nouvelle et plus régulière, et de plus, avec le lait et ses produits, elle a fourni un aliment nouveau, de valeur au moins égale à la viande par sa composition. L'un et l'autre devinrent ainsi, d'une manière déjà directe, des moyens nouveaux d'émancipation pour l'homme; cela nous conduirait trop loin d'entrer ici dans le détail de leurs effets indirects, si grande qu'ai été leur importance pour le développement de l'homme et de la société. » (Engels, le rôle du travail dans la transformation du singe en homme).

Les travaux les plus récents suggèrent qu'une des caractéristiques de la séparation des australopithèques en deux lignées, repose sur le régime alimentaire. « Depuis la fin des années 1930, des fossiles d'hominidés sont régulièrement découverts en Afrique du Sud. Les australopithèques y ont prospéré avant les paranthropes et les Homo. Mais tous ces restes proviennent des mêmes gisements archéologiques. Une équipe de géochimistes et de biologistes a réussi à reconstituer les tendances alimentaires de ces trois genres d'hominidés.

Pour ce faire, ils se sont intéressés au strontium et au baryum contenus dans l'émail dentaire des fossiles de plusieurs de ces individus. Plus la position d'un mammifère est élevée dans la chaîne alimentaire, plus les teneurs en ces deux éléments diminuent dans ses tissus biologiques, y compris dans cette partie des dents. L'originalité de l'étude tient à la façon dont les chercheurs ont utilisé la technique d'ablation laser qui a servi à établir ces mesures. Celle-ci a été mise en œuvre en orientant le faisceau-laser le long des prismes de croissance de l'émail dentaire, ce qui a permis de reconstituer les changements d'alimentation de chaque individu au cours d'une période de sa vie. Le résultat montre que les australopithèques avaient une alimentation beaucoup plus variée que les deux autres genres d'hominidés. Les paranthropes étaient résolument herbivores, comme le laissait déjà penser l'étude de leur anatomie faciale et dentaire, et les Homo plutôt carnivores.

Les chercheurs ont également mesuré la composition isotopique du strontium contenu dans ces échantillons. Ce paramètre est caractéristique du substrat géologique sur lequel vivent les animaux. Et là encore, la conclusion est sans appel : tous les hominidés étudiés ont vécu dans la même région, non loin des grottes dans lesquelles on les retrouve aujourd'hui fossilisés.

Des pièces du puzzle écologique se mettent donc en place. Il y a environ 2 millions d'années, les australopithèques, aux comportements «

différences qualitatives entre l'espèce humaine et les autres (anti-spécisme) et autres mélanges des genres. Ici, nul besoin de révolution sociale pour libérer les forces productives, il suffit que l'espèce humaine se rende compte du danger encouru avec l'épuisement des ressources naturelles, qu'elle se tourne vers l'exploitation de nouvelles formes d'énergie pour rétablir les équilibres naturels. Nos adversaires font preuve d'une cécité confondante quant à la définition des rapports de production capitaliste ; dire que le soleil est gratuit et ne peut pas s'approprier, c'est oublier le fait que pour en capter l'énergie il faut des infrastructures techniques. C'est-à-dire que dans le cadre du mode de production capitaliste, il faut avancer du capital constant. Du travail humain pour les installer, les surveiller et les entretenir est tout aussi nécessaire. C'est-à-dire qu'il faut avancer du capital variable. Et la classe qui avance ces capitaux et qui en a le monopole est la classe capitaliste. Pour poser ces installations, il faut généralement un sol qui peut être monopolisé et appartenir à des propriétaires fonciers. Qui plus est, comme nous le savons déjà, le but de la production capitaliste, qu'elle produise de l'énergie verte ou que cette production repose sur des sources d'énergie fossiles est de produire un maximum de plus-value. En voulant se placer au-dessus des classes en lutte, l'idéologie écologiste ne fait que viser à la conservation du mode de production en vigueur.

Deux égale trois

Vient enfin une dernière catégorie d'acteurs. Ils sont plus anciens que les bateleurs mercantis de la révolution de l'Internet qui cependant en sont d'une certaine manière les héritiers imbéciles et stipendiés. Il s'agit des penseurs d'une seconde révolution

---

opportunistes » (qui se nourrissaient de ce qu'ils trouvaient : carcasses d'animaux, baies etc.) laissent place aux paranthropes et aux Homo, chacun étant plus « spécialiste » que leur ancêtre commun. En effet, les paranthropes consommaient uniquement des végétaux qui pouvaient être très coriaces (racines, bulbes) tandis que les *Homo*, probablement aidés par leurs outils lithiques, se nourrissaient principalement de la chasse. Ces deux espèces cohabitent pendant presque un million d'années avant que les premiers ne disparaissent pour une raison inconnue. » (CNRS, 7 août 2012, http://www2.cnrs.fr/presse/communique/2741.htm)

industrielle liée à la cybernétique. Parmi ceux-ci nous trouvons un des fondateurs de cette discipline et un des pères de la théorie de l'information, Norbert Wiener. «(…) Il semble bien comme le fait remarquer Norbert Wiener, que nous soyons maintenant au début d'une «seconde révolution industrielle», comparable à celle dont le siècle passé fut le témoin. Cette révolution résulte des applications de la cybernétique : alors que la première révolution industrielle accompagna l'introduction de méthodes plus commodes d'obtention de l'énergie, la seconde a pour origine les facilités nouvelles que l'on rencontre dans la réalisation automatique de certains processus mentaux (…).» (Robert Vallée, 1952. fondateur en 1950 du cercle d'études cybernétiques).

Nous reviendrons sur la cybernétique dans la partie consacrée à la «troisième révolution industrielle».

La cybernétique, tout comme l'intelligence artificielle, commet l'erreur philosophique et méthodologique de confondre la pensée et le calcul et par conséquent fini par comparer l'ordinateur au cerveau. Tout ceci rejoint une critique des conceptions bourgeoises de l'automatisme et de l'automatisation que nous n'avons pas le loisir de faire ici – mis à part les quelques éléments abordés dans le chapitre suivant – mais qui est une tâche importante dans le travail de défense et développement de la théorie communiste.

L'analyse ayant perdu toute rigueur, comme nous l'avons montré, dès lors que l'on commence à numéroter la série «des» révolutions industrielles, il en découle une confusion et une certaine interchangeabilité entre les caractéristiques de la «seconde» et de la «troisième» révolution industrielle, voire de la soi-disant «quatrième». C'est pourquoi nous voyons déjà poindre ici les arguments qui sont repris par les tenants de la «troisième révolution industrielle» ou technologique, que nous allons examiner dans le chapitre suivant.

Pour conclure sur ce point, quelle que soit la manière dont on se représente cette «seconde révolution industrielle» nous voyons qu'elle est tout d'abord hostile au communisme révolutionnaire, qu'elle se présente soit comme un concept pour banaliser le concept de révolution industrielle et lui ôter toute portée révolutionnaire soit comme un argument mercantile soit comme le nouvel âge d'or permettant un développement harmonieux du capitalisme sans besoin de recourir aux méthodes défendues par le socialisme : révolution sociale et dictature révolutionnaire.

La question vue par le marxisme

Cela ne veut pas dire pour autant qu'il n'y ait pas certaines périodes particulières où le cumul des inventions ou une invention spécifique, des découvertes, des réalisations scientifiques, ne revêtent pas une signification spéciale. Le socialisme à une idée sur le classement de ces résultats mais, nous le verrons, ce n'est pas par rapport à une énumération de découvertes et encore moins par rapport à une histoire des sources d'énergie.

Marx (mort en 1883) et plus encore Engels (mort en 1895) ont été les témoins de cette «seconde révolution industrielle». Alors qu'ils fondent scientifiquement le concept de «révolution industrielle», d'origine socialiste, ils ne se précipiteront pas pour déclarer qu'il s'agit d'une seconde révolution industrielle. Non pas parce qu'il ignoraient les inventions citées par les historiens – Engels fait par exemple, une critique en règle des conceptions empiristes étroites sur l'électricité, et Marx et Engels s'enthousiasmeront pour le transport à distance de l'électricité (Desprez), l'application de la chimie à la production (Liebig)... – mais pour la bonne raison que les phénomènes dont nous avons parlé et qui étaient connus de leur vivant ne faisaient que réaliser toujours mieux le concept établi auparavant. Dans la réalisation de ce concept, l'électricité à un sens spécifique et de ce point de vue marque un saut qualitatif car elle annonce l'utilisation de toutes les formes de l'énergie. Elle poursuit donc, en lui faisant faire un saut qualitatif, le mouvement induit par la machine à vapeur, qui nous l'avons vu concernait une partie du machinisme (le moteur)

«Le tumulte suscité à propos de la révolution électrotechnique est, pour Viereck qui ne comprend absolument rien à la chose, une simple occasion de faire de la réclame pour la brochure qu'il a publiée. La chose est néanmoins hautement révolutionnaire. La machine à vapeur nous a appris à transformer la chaleur en mouvement mécanique, mais avec l'utilisation de l'électricité, c'est la porte ouverte à toutes les formes de l'énergie : chaleur, mouvement mécanique, électricité, magnétisme, lumière, l'un pouvant être transformé et retransformé dans l'autre, et utilisé industriellement. Le cercle est bouclé. La dernière invention de Deprez, à savoir que le courant électrique de très haute tension peut être transporté avec des pertes d'énergie relativement minimes par de simples fils télégraphiques jusqu'à des distances impensables jusqu'ici en étant susceptible d'être utilisé au bout - bien que la chose ne soit encore qu'en germe - libère définitivement l'industrie de presque toutes les barrières locales, rend possible l'utilisation des forces hydrauliques tirées des coins les plus reculés, et même, si elle profitera au début aux villes, elle finira tout de même par devenir le levier le plus puissant de l'abolition de l'antagonisme entre ville et campagne[28]. Il est évident que, de ce fait aussi, les forces productives auront une extension telle qu'elles glisseront de plus en plus vite des mains de la bourgeoisie au pouvoir. Cet esprit borné de Viereck n'y voit qu'un nouvel argument pour ses chères étatisations : ce que la bourgeoisie ne peut pas, c'est Bismarck qui doit le réaliser.» (Engels à Bernstein, 28 février-1 mars 1883, La social-démocratie allemande, p.172-173) Tout en montrant la portée de l'électricité, on n'en déduit pas pour autant que la rupture technologique traduise, par la même occasion, une rupture conceptuelle. En effet, chaque nouveau progrès de la force productive du travail, de la science et de la technologie réalise toujours plus ou mieux le concept de révolution industrielle. Et, comme toujours, le progrès des forces productives est à la fois

---

[28] C'est en ce sens que Lénine parlait de l'électrification couplée au pouvoir des soviets. Les esprits forts se sont gaussés de la formule « le communisme c'est les soviets plus l'électricité » ! Quel terre-à-terre, quel manque de romantisme ! Mais Lénine parle de l'électrification, comme moyen de développer l'industrie et d'amener la Russie à un même niveau de développement technique que les pays capitalistes avancés.

«Le communisme suppose le pouvoir des Soviets à titre d'organe politique donnant aux masses opprimées la possibilité de tout prendre en mains. Dans tout l'univers nous en voyons la preuve, puisque l'idée du pouvoir des Soviets et son programme remportent partout une victoire indiscutable. Nous le voyons encore dans chaque épisode de la lutte contre la 2e Internationale, soutenue uniquement par la police, le clergé, et les vieux fonctionnaires bourgeois du mouvement ouvrier. Mais cela, c'est le côté politique. La base économique sera assurée le jour seulement où seront réellement concentrés dans l'État prolétarien de Russie tous les fils de la grande machine industrielle construite conformément à la technique moderne. Cela suppose l'électrification, et dans cela il faut comprendre les conditions fondamentales nécessaires à l'application de l'électricité, et comprendre en conséquence l'industrie et l'agriculture. » (Notre situation extérieure et intérieure et les tâches du parti, Conférence de la province de Moscou du PC(b)R, 21 novembre 1920 - https://www.marxists.org/francais/lenin/works/1920/11/vil19201121.htm

synonyme d'exploitation accrue et de potentiel de libération. Le cours ouvert par la révolution industrielle ne se ferme pas, il accompagne tout le développement capitaliste jusqu'à son dépassement révolutionnaire.

La «troisième» révolution industrielle

Rappel à l'usage de ceux qui n'auraient pas bien compris

Comme nous l'avons vu, pour le socialisme scientifique, la caractéristique de la révolution industrielle est que la main est écartée du processus productif. L'idée d'automatisation de la production est donc d'emblée incluse dans ce concept.

Au cours d'une discussion, un camarade nous opposa un jour la persistance du travail manuel, sa réalité dans la société actuelle et argumenta à partir de sa propre expérience et de son apprentissage de tourneur et d'ajusteur-fraiseur. L'argument vaut d'être analysé, d'autant plus que le socialisme a toujours fait de l'abolition de la différence entre travail manuel et travail "intellectuel" un objectif historique de son action[29].

Comme on le sait, un concept ne se réalise pas instantanément. Ce n'est pas parce que, dans son concept, la machine est supposée avoir supplanté l'homme dans le processus productif qu'immédiatement toute la production est réalisée automatiquement. Cette représentation du processus ouvert par la révolution industrielle suppose un homme, assis, qui n'a plus qu'à regarder un tas d'objets s'amonceler devant ses yeux, pour être triés, transportés, préparés et directement enfournés dans son bec.

Outre qu'un degré d'automatisation élevé implique que la production capitaliste ait disparue et qu'une représentation d'une société entièrement automatisée est évidemment absurde[30], c'est ignorer ce que veut dire un concept.

---

[29] Rien que la distinction elle-même indique le mépris dans lequel la pensée bourgeoise tient le travail manuel. Comme si élever un mur, bâtir une maison, découper une pièce de tissu ne faisait pas appel à l'intelligence, au calcul, à l'anticipation, à la précision, bref à des capacités intellectuelles également requises pour écrire un article ou planifier une opération.

[30] Elle est pourtant à la base de la représentation de nombreux groupes petits bourgeois qui s'imaginent le communisme comme un vaste concert de rock. Cette représentation de la société future est caractéristique de la

Ce dernier se réalise dans le temps. La réalité se rapproche du concept sans jamais le rejoindre, de même que le concept ne fait que tendre vers la représentation de la réalité sans jamais parvenir à la saisir totalement ; il doit lui aussi évoluer pour se rapprocher de la réalité. En d'autres termes, ce que nous voyons s'effectuer sous nos yeux, avec la mobilisation à la fois successive et simultanée de sciences différentes, et que les historiens bourgeois s'empressent de qualifier de «révolutions technologiques», c'est bien la réalisation du concept de «révolution industrielle», initiée à partir de 1735.

Notre camarade tourneur-fraiseur aurait pu se demander pourquoi avait-il appris et pourquoi ne le pratiquait-t-il pas ou plus ? Quand il apprenait le tournage, il fallait fixer la pièce sur le mandrin à l'aide d'une clé qui se tournait à la main. Ensuite, il fallait choisir l'outil et le fixer sur le porte-outil après s'être assuré de la qualité de son tranchant. Le tourneur définissait la vitesse de coupe, faisait couler l'huile de coupe, et guidait l'outil en définissant la profondeur de coupe comme la forme à donner à la pièce. La main était déjà éliminée de l'usinage, du tournage, proprement dit ; c'était la machine-outil qui s'en chargeait. De même, un moteur électrique dispensait la main ou une autre force d'intervenir pour entraîner le tour. Il restait à guider l'outil et servir la machine. Avec les machines à commande numérique, une nouvelle étape a été franchie. C'est l'automate programmable qui se charge, à partir des données entrées par l'opérateur, de guider la machine-outil. Mais, du même coup, il y besoin de moins de tourneurs et leurs compétences doivent évoluer. Ce phénomène conjugué avec la concurrence d'autres formes d'usinage ou de production des pièces, de la mise en œuvre de nouveaux matériaux – plastique par exemple – qui se substituent à l'acier expliquent notamment pourquoi de nombreux individus n'en sont restés qu'au stade de la formation ou ont du se reconvertir[31], tandis que la productivité du travail faisait de nouveaux pas en avant.

---

classe du travail improductif, qui ne comprenant pas bien pourquoi, du fait de son improductivité, elle doit fournir une contrepartie sociale pour consommer, souhaite s'en affranchir.

[31] L'industrie française de la machine-outil, dans la mesure où elle n'a pas su toujours allier son savoir-faire mécanique traditionnel aux nouvelles compétences relevant de l'électronique a elle aussi été supplantée par ses concurrents. La même remarque vaut pour l'horlogerie.

Avec «l'usine 4.0»[32] une nouvelle promesse se met en place ; le client final ou son représentant définit la pièce qu'il souhaite via des logiciels de modélisation. Via internet, le modèle est réalisé et transmis à la machine qui l'exécute. Personnalisation poussée et production de masse sont toujours plus interpénétrées, tandis que la productivité du travail progresse et que les compétences anciennes sont à nouveau bousculées.

Le mode de production capitaliste ne s'intéressant aux individus que dans la mesure où il peut en tirer un profit sous la forme de la valeur extra produite pendant leur temps de travail non payé, ils n'a que faire de ce que deviennent ces mêmes individus lorsqu'un tournant technologique rend brutalement obsolète leurs compétences initiales et leur savoir-faire acquis. Ils rejoignent la nombreuse armée des laissés pour compte du progrès. Une société communiste affrontera différemment ces questions en donnant une place très développée à la formation polyvalente et complète des individus, non seulement sur les aspects techniques propres à un moment donné de tel ou tel développement technologique, mais surtout sur toutes les capacités de développement de ses propres ressources pour aborder l'évolution des situations, se doter de nouveaux savoirs théoriques et pratiques, construire une vision d'ensemble du processus productif, etc.

Un concept mort-né et source de confusion intellectuelle

On peut se demander s'il est vraiment utile de consacrer un chapitre spécifique à critiquer le concept de «troisième» révolution industrielle, tant ce concept part ruiné d'avance et compte tenu de ce que nous avons déjà développé dans les deux chapitres précédents.

---

[32] On désigne par là – avec l'imbécile coutume qui consiste désormais à numéroter systématiquement les concepts de la même façon que les versions de logiciels informatiques – le contrôle des activités de production et l'intercommunication entre les machines, les marchandises en train d'être produites, les matériaux, les capteurs, selon la logique de « l'internet des objets » et du « Big Data ». Cf – entre autres - http://www.lesechos.fr/08/   10/2013/LesEchos/21538-048-ECH_l-usine-4-0--nouvelle-revolution-industrielle.htm

La troisième révolution industrielle se présente logiquement à la suite de la deuxième, aurait dit Monsieur de La Palice. Or, nous avons largement montré en analysant les ressorts du concept de «seconde révolution industrielle» qu'il n'avait déjà pas lieu d'être, qu'il ne reposait sur aucune base historique ou scientifique solide et qu'au fond il n'avait qu'un objectif : ravaler la théorie révolutionnaire au rang d'un évolutionnisme technologique grossier, critiquer sournoisement, en le dévalorisant, le concept de révolution industrielle élaboré par le socialisme scientifique. Nous avons également mis en évidence que pour autant qu'il y ait une singularité, comme avec l'électricité, elle avait été prise en compte par la conception matérialiste de l'histoire,

Par ailleurs, comme nous l'avons vu, cette idée d'une «seconde» révolution industrielle était loin de faire l'unanimité, qu'il s'agisse de son contenu ou de sa périodisation. Ainsi, pour certains, elle date de la fin du XIXe siècle avec l'électricité, alors que pour d'autres, elle date du milieu du XXe siècle avec l'électronique. Si bien que ce qui est déjà la troisième pour les uns n'est que la seconde pour les autres. Encore laissons-nous de côté ceux pour qui elle est encore à venir.

Il reste néanmoins à analyser les arguments des tenants d'une seconde révolution industrielle (ou troisième, selon le classement moderne) dont les fondements théoriques datent des années 1940. Cependant, sans préjuger de la spécificité du point de vue qui sera défendu notamment par la cybernétique, nous devons nous souvenir que le concept de seconde révolution industrielle n'a été appliqué à la période ouverte à la fin du XIXe siècle que de façon bien postérieure. En effet, cette conception est apparue après la deuxième guerre mondiale. La supposée troisième révolution était donc déjà lancée que la deuxième n'était pas encore reconnue …

Ainsi, tout comme c'était le cas pour la deuxième révolution industrielle, et à une échelle encore supérieure, l'idée d'une troisième révolution industrielle est également placée sous le signe de la confusion intellectuelle[33]. On ne voit d'ailleurs pas pourquoi il en irait autrement.

---

[33] Cette confusion intellectuelle vient également, malheureusement, influencer les rangs squelettiques du mouvement communiste ou ce qu'il en reste. Une première version des textes qui composent ce livre ont d'abord été diffusés et répandus dans le cercle du « Réseau de discussion

Pour nombre de commentateurs, deux changements qualitatifs permettent d'affirmer que nous vivons une nouvelle «révolution technologique» :

1° L'ordinateur qui supplée ou «augmente les capacités propres au cerveau humain : la mémoire, la prise de décision en fonction de paramètres, etc. C'est un bouleversement fondamental par rapport au passé»

2° «Le développement de la communication apporté par le réseau Internet»

Alors que, nous l'avons vu, chez Marx, le phénomène du machinisme marquait une rupture qualitative et fondait un véritable concept, il n'en est rien ici.

Un bon nombre d'années sépare les deux phénomènes évoqués ci-dessus, même s'ils ont une relation évidente dans la mesure où Internet, dans ses formes les plus modernes, comme le web,

---

international » qui a fonctionné de 2000 jusqu'au début des années 2010 et dans lequel s'exprimaient toutes sortes d'opinions idiotes sur internet, les réseaux et leur caractère d'innovation technologique « révolutionnaire ». D'où notre travail de reprise et restauration de ces concepts du point de vue du communisme révolutionnaire.

Bien entendu, il ne s'agit pas d'une idée propre au mouvement communiste. Elle traduit plutôt la perméabilité de celui-ci aux lieux communs dont la bourgeoisie nourrit son idéologie.

Par exemple, pour citer au hasard, Henri Weber, sénateur du Parti socialiste, considère volontiers que parmi les quatre « tendances lourdes du capitalisme avancé » qui « frappent en effet aujourd'hui de plein fouet le compromis social-démocrate de 1945 et le contraignent à se transformer. » on doit citer :

« La nouvelle révolution technologique, tout d'abord, impose la modernisation accélérée des économies occidentales, leur redéploiement vers les industries de pointe et les services à haute valeur ajoutée. Ce redéploiement exige de grands efforts d'adaptation, d'innovation, de créativité de la part des chefs d'entreprise et des Etats, mais aussi de la part des salariés eux-mêmes. Il appelle donc la remise en cause de bien des habitudes et des avantages acquis. Le *statu quo* est impossible, le nivellement par le bas inadmissible, dans des sociétés riches et qui continuent à s'enrichir. Le problème de la gauche est de définir et d'imposer une adaptation par le haut, qui conserve et consolide nos standards sociaux sans entraver les initiatives. » (Henri Weber, *L'avenir de la social-démocratie*, Le Monde, 3 décembre 1997)

constitue une réalisation des promesses de l'informatique. Pour d'autres, c'est le transistor et le micro-processeur qui sont les vecteurs d'une nouvelle révolution technologique. On notera le glissement sémantique. On passe de la révolution «industrielle» à la révolution «technologique». Le point de vue du producteur s'efface devant celui du consommateur. Gavée de produits *high tech*, la classe moyenne improductive s'ébaudit et s'ébaubit devant les miracles de la technologie. Quels que soient les marqueurs mis en avant pour cette nouvelle révolution, nous sommes renvoyés à l'ordinateur et à la nature clairement affirmée de son caractère anthropomorphique, prolongement du cerveau.

Avec l'assimilation de la pensée au calcul et du calcul avec la pensée voilà que se dresse devant nous la grande armée de la métaphysique. C'est une armée puissante qui rassemble les plus beaux esprits de la classe dominante comme sa gangue intellectuelle : journalistes stipendiés, avocats marrons, savants décatis, cons sultans, charlatans mercantis, ingénieurs peu ingénieux, psychologues idiots, étudiants paresseux, chercheurs sans lendemains, inventeurs du dimanche, philosophes ennuyeux, ... Régulièrement battue en rase campagne, l'armée de la métaphysique a beau fréquemment se retrouver sur le cul, elle ne désarme pas, elle ne dételle pas, elle ne faiblit pas. A peine dispersée, elle se reforme sur une base plus ample. Elle continue à mener d'erreurs en insuccès, de Charybde en Scylla, de défaites en défaites, une masse croissante de croyants hypnotiques que seul le feu de la révolution fera ciller.

L'ordinateur moderne a vu le jour au cours de la deuxième guerre mondiale. Son ancêtre est déjà présent dès le XIXᵉ siècle. L'ordinateur moderne est né sous les auspices de la métaphore du cerveau. Les emprunts à la biologie, au monde du vivant, et à l'anthropomorphisme sont considérables : le cerveau pour l'ordinateur ou le processeur, la mémoire pour les unités de stockage temporaire ou permanent de l'information, le réseau neuronal, la puce, la souris, le clone, sans oublier le virus ou encore le ver. Dans le même mouvement, mais en sens inverse, la biologie reprend à son tour des termes de l'informatique et des théories de l'information ou de la cybernétique : «programme génétique», «signal», pour ne citer qu'eux sont autant d'emprunts qui la conduisent dans des impasses théoriques[34]

L'ordinateur, une réalisation moderne pour un projet ancien.

L'ancêtre de l'ordinateur

Les tenants de la «troisième» révolution industrielle (à moins que ce ne soit la «seconde») font de l'ordinateur une invention majeure qui justifie selon eux cette rupture dans la numérotation. Rappelons qu'en anglais la machine que nous appelons «ordinateur» se dit *computer*, calculateur et qu'il s'agit bien de chercher comment automatiser des procédures de calcul qui étaient déjà mécanisées depuis Pascal avec les premières machines à calculer.

L'ancêtre de l'ordinateur proprement dit est présent dès le XIXᵉ siècle. Dès la révolution industrielle, initiée au XVIIIᵉ siècle, est posée du fait même du concept qui signifie l'élimination de la main du processus productif, l'automatisation du travail intellectuel (cf. la citation de Leibniz en note ci-dessus). Très tôt sont nés la machine à calculer, inventée par Pascal, ou le système de Jacquard[35] à base de cartes perforées qui préfiguraient les calculateurs modernes. Cependant, le premier grand ancêtre de l'ordinateur est dû à Charles Babbage, qui figure en bonne place parmi les théoriciens du machinisme critiqués par Marx dans le «Capital».

La réalisation de tables de logarithmes et de trigonométrie fiables était un problème croissant avec le développement des besoins autour de l'astronomie, la navigation, l'artillerie, le calcul financier, etc. Des centres de calculs importants[36] se constituèrent employant de nombreuses personnes dont la fonction était de calculer ces

---

[34] cf. Ni dieu, ni gênes, Jean-Jacques Kupiec et Pierre Sonigo ; La musique de la vie, Denis Noble.

[35] Avant même le début de la révolution industrielle, Basile Bouchon invente (1725) un ruban perforé pour programmer un métier à tisser. Perfectionnée, en 1728, par son assistant, Jean-Baptiste Falcon, l'invention sera reprise par Jacquard. (Wikipédia)

[36] Il est significatif qu'un de ces centres de calcul employant près de 80 personnes fût nommé la «manufacture à logarithmes».

tables. Ces calculateurs (en anglais *computer*) calculaient souvent en double pour limiter les erreurs.

Agacé par les nombreuses fautes qu'il trouvait dans les tables et fort de sa fréquentation de tels centres de calcul, Charles Babbage conçut une machine, susceptible de réaliser automatiquement des calculs sur les différences finies[37] et d'en préparer l'impression de façon à supprimer les fautes qui surgissaient tout au long de la chaîne de production. Il fut incapable de l'achever, mais elle a été reconstituée, dans le cadre des connaissances mécaniques de l'époque (concept toujours ambigu), et est exposée au musée des sciences à Londres

Voici ce que disaient les contemporains des perspectives ouvertes par Babbage : «Dans d'autres cas, les schémas mécaniques substituaient des machines à des outils plus simples ou à du travail manuel (...) Mais l'invention dont je parle (...) substitue des capacités mécaniques à une activité intellectuelle.» (...) «L'invention de M. Babbage met une machine à la place du calculateur» (Henri Colebrooke, président de la société d'astronomie.)

Nous sommes en 1824, et cela montre bien que l'on ne peut pas dissocier l'effet du machinisme sur le travail manuel (l'élimination graduelle de la main de l'homme du processus de travail immédiat) et sur le travail intellectuel, avec l'élimination du cerveau du processus productif. Ceci bien sûr dans les limites de la machine. Celle-ci n'est pas capable de se substituer à la richesse de la pensée dialectique que déploie l'homme dans sa réflexion collective. Mais elle peut facilement le remplacer et même accomplir des tâches qui sont hors de sa portée dès lors que ces activités relèvent du calcul et de la logique formelle ou peuvent y être ramenées.

Babbage était encore aux prises avec la réalisation de sa machine quand il fit connaissance avec Ada Lovelace, fille de Lord Byron, et dont le prénom servira, bien plus tard, pour lui rendre hommage, de nom à un langage informatique. De leur rencontre va naître l'idée d'une machine universelle susceptible d'effectuer toutes sortes de calculs par changement de programme. La «machine analytique» était née. Elle a tous les organes de l'ordinateur moderne. Mais là où le métaphysicien moderne voit une mémoire, Babbage voyait un

---

[37] C'est la méthode utilisée pour ce type de calcul ; d'où son nom : « differential machine »

magasin et, à la place du processeur, le cerveau de la métaphysique actuelle, il mettait un moulin. Dans ce cas également, Babbage ne parvint pas à achever sa machine (elle est également exposée au musée des sciences de Londres, le fils de Babbage ayant réussi à la faire fonctionner partiellement). Au-delà des difficultés financières et d'organisation, on doit voir dans ces échecs une manifestation des limites de la mécanique pour l'effectuation des calculs[38]. La conception de Babbage séparait aussi les données et les résultats des instructions programmées. Si la dialectique, ne sépare pas l'effet et la cause, le processus et le résultat, la métaphysique n'assimilera partiellement cette façon de voir que sous la forme de la rétroaction. Avec un tel concept, données et commandes n'étaient plus séparées, l'influence des résultats des calculs sur la commande était prise en compte.

Notre vieille ennemie la métaphysique et ses avatars

Avant même la naissance de l'ordinateur stricto sensu, ses fondements théoriques tels que se les représentent les métaphysiciens étaient pourtant déjà morts.

Pourtant, en cette fin du 19° siècle, les ambitions de la pensée métaphysique n'avaient jamais été aussi grandes. Elles étaient à la mesure des menaces qui pesaient sur elle. La géométrie d'Euclide était le modèle de la cohérence dans l'univers des mathématiques. A partir d'un petit nombre d'axiomes, eux-mêmes en phase avec l'intuition et le sens commun, on démontrait des théorèmes qui servaient à leur tour pour fonder d'autres théorèmes. L'émergence d'une géométrie non euclidienne (Bolyai, Lobatchevski, Riemann et, avant eux, Gauss) était venue ébranler ce dispositif. Tous les espoirs n'étaient pas nécessairement perdus. La géométrie se dérobait. L'arithmétique ne pouvait-elle pas être une planche de salut et permettre cette fondation ? L'arithmétique ensembliste semblait, avec Georg Cantor, avoir remporté une grande victoire, parfois en

---

[38] Même si, plusieurs dizaines d'années après, on a réussi à reconstituer la machine de Babbage dans les limites du savoir de l'époque (expérience toujours ambiguë, car elle s'appuie toujours sur le savoir actuel), on ne doit pas voir uniquement le fruit du hasard dans le fait que Babbage se fâcha avec son mécanicien.

partie contre l'intuition[39]. Cantor avait classé les infinis. Il avait placé l'ensemble de l'infini discret, dénombrable (1, 2, 3, ..., l'ensemble des nombres entiers ou mieux des nombres rationnels) avant celui de l'infini supposé continu (ensemble des nombres réels) et admis l'existence d'autres classes d'infinis. Y avait-il un autre infini entre le discret et le supposé continu ? Tout le reste de sa vie Cantor cherchera à démontrer qu'il n'y en avait pas. La question le hantera au point de contribuer à son glissement dans la folie. La théorie était cependant attaquée. Elle était loin de faire l'unanimité dans la communauté mathématicienne. David Hilbert, le pape des mathématiques de l'époque, qui la reconnaissait comme la découverte la plus fondamentale de son temps, ne voulait pas être chassé de ce nouveau paradis.

Hilbert avait poursuivi le travail entamé deux cent cinquante ans plus tôt par René Descartes et Pierre de Fermat et développé une axiomatique formelle permettant de réduire la géométrie à l'arithmétique. De son côté, Frege faisait un effort considérable pour rationaliser la symbolique et l'axiomatique.

Le siècle s'achevait quand, au congrès de mathématiques de Paris, Hilbert posa 23 questions, comme autant de défis à relever, aux mathématiciens du XXe siècle[40]. Pour Hilbert, il s'agissait d'asseoir

---

[39] « Je le vois mais je ne le crois pas », écrivait-il à son ami Dedekind, quand il lui montrait qu'il y avait autant de points dans un carré que dans un de ses côtés.

[40] Les mathématiciens d'aujourd'hui ont repris cette tradition. Les deux listes les plus célèbres sont celles de l'Institut Clay (7 questions primées à 1 million de dollars). L'une d'elle, la conjecture de Poincaré, a été résolue par Grigori Perelman qui refusera le prix comme la médaille Fields (une forme de prix Nobel des mathématiques). L'autre liste (18 questions), qui recoupe en partie la première, a été établie par Stephen (Steven) Smale (Médaille Fields en 1966). Parmi les 18 questions, il y en une où le marxisme connaît déjà la réponse : Bullshit !
Marx fait remarquer que le caractère métaphysique de la pensée des savants saute aux yeux dès qu'ils quittent leur domaine de compétence pour s'aventurer dans d'autres territoires. La question de Smale porte sur l'introduction de la dynamique dans la théorie économique :
« Le problème suivant ne relève pas des mathématiques pures, mais est à l'interface de l'économie et des mathématiques. Il n'a été résolu que dans des cas très particuliers. Etendre le modèle mathématique de la théorie de l'équilibre général pour inclure les ajustements de prix.

les mathématiques, de montrer leur cohérence[41]. La première question était consacrée à l'infini cantorien et la deuxième visait à démontrer que l'arithmétique était cohérente (consistante) c'est-à-dire, pour simplifier, démontrer qu'à partir d'un jeu d'axiomes on ne pouvait prouver une chose et son contraire, que nous étions bien dans un système où A est différent de non A, ce qu'on nomme aussi, dans la logique, le principe d'identité.

La question était à peine posée que quelques méchants paradoxes ébranlaient l'édifice, obligeant notamment Frege à mettre un genou à terre ; ce qu'il fit avec un stoïcisme et une honnêteté intellectuelle des plus remarquables[42].

Il y a une théorie (statique) de l'équilibre des prix en économie qui a commencé avec Walras et qui s'enracine dans l'œuvre de Arrow et Debreu (voir [Debreu, 1959]). Pour le cas trivial d'un seul marché, ceci se ramène à l'équation « offre égale demande », et l'on trouve facilement une dynamique naturelle [Samuelson, 1971]. Pour plusieurs marchés, la situation est complexe. (…)

Dans le problème 8, on recherche un modèle dynamique, dont les états sont les vecteurs de prix (avec une définition élargie pour inclure d'autres variables économiques). Cette théorie doit être compatible avec la théorie existante des équilibres. Une caractéristique agréable en serait que l'évolution des prix en fonction du temps soit déterminée par les actions individuelles des agents économiques. J'ai travaillé sur ce problème pendant plusieurs années, en pensant que c'était le problème principal des Sciences économiques. ».

Hilbert avait voulu axiomatiser la physique, Smale voudrait le faire pour l'économie. Nous pouvons lui garantir le même résultat. Imaginer un instant qu'une mathématisation plus poussée d'une théorie aussi vulgaire que celle de l'équilibre général des prix puisse être autre chose qu'un emplâtre sur une jambe de bois (et qui plus est aboutirait à partir de là à d'autres ratiocinations encore plus absurdes) ne mérite qu'un sourire de commisération.

[41] «Pour tout problème mathématiquement défini, on doit pouvoir, par nécessité, statuer avec exactitude, soit sous la forme d'une réponse à la question qu'il pose, soit par la preuve que sa solution est impossible» (Hilbert, 1925)

[42] «Un scientifique peut difficilement se trouver confronté avec quelque chose de plus indésirable que de voir les fondations sapées alors que l'ouvrage est achevé. C'est dans cette position que m'a mis une lettre de M. Bertrand Russell, au moment même où le livre allait être mis sous presse.» (Gottlob Frege, 1902)

En 1928, au congrès de Bologne, Hilbert poursuivait sa demande[43] . Trois ans plus tard, un jeune mathématicien, Kurt Gödel, expédie la question de Hilbert. La réponse surprend le monde. A partir d'un jeu d'axiomes donnés, il est possible que des propositions soient indécidables, qu'elles ne puissent être ni prouvées ni infirmées. Il y a incomplétude. Plus tard (Gödel -1938 à 1940 -, Cohen - 1963 -), il sera démontré que l'hypothèse de Cantor appartient à cette sphère des propositions indécidables.

La démonstration par Gödel sonnera le glas des ambitions de la pensée métaphysique[44] . Elle favorisera le glissement de la pensée bourgeoise d'une forme de déterminisme vers une forme de relativisme, son adhésion à un tremblant probabilisme[45] et à renforcer l'idée que la connaissance était intrinsèquement hors de portée de l'homme[46]

---

[43] Avec la question de la décision, Hilbert se demande s'il existe une procédure, un algorithme, qui peut être appliqué à une proposition mathématique afin de décider si elle est vraie ou fausse.

[44] Comme nous l'avons dit, la métaphysique ne désarme jamais. En première page de couverture de Science et Vie, n°1013, février 2002, Jean-Louis Krivine, un logicien de premier plan à l'échelle mondiale (un cousin du trotskyste et du pianiste, pour la petite histoire), déclare avoir trouvé le secret de la pensée. Toute pensée est calcul et grâce au lambda calcul, mis au point par Alonzo Church, il est possible de transcrire toute pensée. Un seul hic : il reste à prouver cette théorie. Gageons que cette preuve tardera, car elle ne serait obtenue qu'en passant sur le corps de la dialectique, ce que n'a jamais réussi à faire la métaphysique.

[45] L'évolution de la physique atomique, allait également plonger la bourgeoisie dans la perplexité. Mais, une nouvelle conception de la matière ouvrait aussi des possibilités importantes tant dans le domaine de l'atome que de l'électronique pour ne citer que ces deux-là. Il est d'ailleurs caractéristique que la sixième question de Hilbert : « Peut-on axiomatiser la physique ? », tout aussi révélatrice de la pensée métaphysique n'ait guère fait l'objet de commentaires si ce n'est qu'elle a été rapidement expédiée aux oubliettes avec les avancées théoriques (relativité, mécanique ondulatoire, etc.).

[46] L'effondrement du cadre de référence d'Hilbert lui valut cette réflexion désabusée «Si la pensée mathématique est déficiente où pourrons nous donc trouver la vérité et la certitude ?». Dans le langage du métaphysicien positiviste anglo-saxon moderne qui poursuit sa logique, avec un zeste d'humour, jusqu'à l'absurde, cela donne : «Si nous définissons une religion comme un système de pensée qui contient des affirmations

De leur côté, les mathématiques, sous l'effet des diverses évolutions à l'œuvre depuis la remise en cause de la géométrie euclidienne, s'isolaient en cherchant sans cesse à s'auto-légitimer[47]. Plutôt que de s'ouvrir sur la société et de prendre en compte leurs limites, elles se renferment sur toujours plus d'abstraction[48]. Dans ce mouvement,

---

indémontrables, alors elle contient des éléments de foi, et Gödel nous enseigne que les mathématiques sont non seulement une religion, mais que c'est la seule religion capable de prouver qu'elle en est une» (John Barrow, astrophysicien à grande notoriété).

[47] La question de l'assise des mathématiques, des ensembles, de la logique, peut sembler une préoccupation lointaine et inoffensive de mathématiciens. Ce serait oublier que les écoles mathématiques (et la France est bien représentée dans ce domaine) influent sur l'enseignement. Et un jour, on se retrouve avec une réforme, aux effets plus que mitigés, de l'enseignement des mathématiques, à base de « mathématiques modernes », en l'occurrence ensemblistes, puisque Nicolas Bourbaki, (pseudonyme collectif d'un groupe influent de mathématiciens), en bon héritier d'Hilbert, était partisan d'asseoir les mathématiques sur la théorie des ensembles. Cependant nombre de bourbakistes ont critiqué cette façon de voir … à commencer par André Weil qui signera, dès 1962, aux Etats-Unis où elles furent introduites en premier, un appel contre l'enseignement des mathématiques modernes dans le second degré (cf. http://michel.delord.free.fr/kline62fr .html). Pour faire bonne mesure, ajoutons que ni Hilbert, ni Klein dont se prévalaient les partisans d'un enseignement primaire reposant sur les mathématiques modernes n'ont défendu une telle perspective - Klein l'a même explicitement condamnée – (cf. http://michel.delord .free.fr/ buissonbook/intuition.pdf)

[48] Il ne s'agit pas ici d'une critique de l'abstraction en tant que mode de connaissance mais de la tendance à s'abstraire de la réalité, de rechercher en permanence une autolégitimation.

«Tant que les mathématiques calculent avec des grandeurs réelles, elles appliquent cette conception sans autre forme de procès. Pour la mécanique terrestre, la masse de la terre est déjà l'infiniment grand; de même qu'en astronomie les masses terrestres et les météores qui y correspondent sont l'infiniment petit, de même les distances et les masses planétaires du système solaire disparaissent pour elle dès que, au-delà des étoiles fixes les plus proches, elle étudie la constitution de notre système stellaire. Mais, dès que les mathématiciens se retirent dans leur citadelle imprenable de l'abstraction, ce qu'on appelle la mathématique pure, toutes ces analogies sont oubliées, l'infini devient quelque chose de totalement mystérieux et la manière dont on s'en sert en analyse apparaît comme quelque chose de purement inconcevable, qui contredit toute expérience et toute raison. Les folies et: les absurdités avec lesquelles les mathématiciens ont plutôt excusé qu'expliqué cette méthode qui est la leur et qui, chose curieuse, conduit toujours à des résultats justes, surpassent les pires fantaisies apparentes et réelles de la Philosophie de la nature de Hegel par exemple, au sujet desquelles les mathématiciens et les savants ne sauraient exprimer assez d'horreur. Ce qu'ils reprochent à Hegel, de pousser les abstractions à leur comble, ils le font eux-mêmes à une bien plus large échelle. Ils oublient que tout ce qu'on nomme mathématiques pures s'occupe d'abstractions, que *toutes* leurs grandeurs, rigoureusement parlant, sont des grandeurs imaginaires et que toutes les abstractions poussées à leur comble se convertissent en absurdité, en leur contraire. L'infini mathématique est emprunté à la réalité, même si c'est inconsciemment, et c'est pourquoi il ne peut être expliqué que par la réalité et non par lui-même, par l'abstraction mathématique. Et si nous étudions la réalité sur ce point, nous trouvons aussi, comme nous l'avons vu, les relations réelles auxquelles est emprunté le rapport d'infini mathématique, et même les analogues naturels de la façon mathématique de faire agir ce rapport. Voilà donc la chose expliquée» (Engels, Dialectique de la nature, Editions sociales, p. 277)

Dans le même sens, Marx s'en prenait au « (…) matérialisme abstrait des sciences naturelles, qui ne fait aucun cas du développement historique (…)» et dont les «défauts éclatent dans la manière de voir, abstraite et idéologique, de ses porte-parole, dès qu'ils se hasardent à faire un pas hors de leur spécialité» (Marx, Capital, L.1, Pléiade, T.1, p.915-916)

En 1948, l'année où il rompt avec la quatrième internationale et avec le marxisme, Jean Van Heijenoort, un français d'origine hollandaise, est étudiant en mathématiques (en 1945, il reprend ses études de mathématiques abandonnées en 1932 pour devenir secrétaire de Trotsky). Il obtiendra son PhD en 1949 ou 1950. Lors de sa rupture avec le marxisme, il écrit un texte acerbe contre Engels et sa conception des mathématiques. « La conception d'Engels des mathématiques est une forme brute d'empirisme. » (Jean Van Heijenoort)

Pourquoi le marxisme devrait-il prendre pour argent comptant la ou les représentations qu'ont les mathématiciens des mathématiques ? Nous sommes justement au cœur de la question. Jean Van Heijenoort reprend le point de vue métaphysique sur les mathématiques, la représentation qu'ont de leur discipline les savants bourgeois. Quand nous disons que les mathématiques se «renferment sur toujours plus d'abstraction», nous ne visons pas le processus intellectuel de l'abstraction, évidemment nécessaire, mais la théorisation d'une séparation absolue d'avec la nature (quand ce n'est pas l'histoire – A lire, Van Heijenoort, comme pour tous les savants métaphysiciens, il y a eu une histoire des mathématiques et maintenant il n'y en a plus-). Sous l'effet des découvertes mathématiques qui ruinaient les représentations traditionnelles reposant sur l'intuition –du moins l'intuition du monde occidental -, découvertes d'ailleurs faites généralement à l'encontre de la volonté initiale de leurs découvreurs, les savants métaphysiciens et leurs alliés philosophes épistémologues recherchent une auto légitimation des mathématiques en l'éloignant, pour ne pas dire la coupant, totalement de la nature. De ce fait, ils précipitent les mathématiques dans le monde des libres créations de l'esprit, rompent le lien avec la nature au risque de dessécher les mathématiques.

A peine Jean Van Heijenoort veut-il séparer physique et mathématique que le mouvement réel les rapproche. Par exemple, Pierre de la Harpe, un mathématicien, professeur à l'université de Genève, dans un article intitulé « Rigueur et fécondité en mathématiques », estime que « Dans les périodes récentes, ce sont peut-être les physiciens théoriciens qui ont le plus exemplairement œuvré pour la fécondité, et les mathématiciens qui tentent d'assurer dans leur sillage la rigueur nécessaire. Le lecteur mathématicien est invité à (re)méditer la mémorable controverse suscitée en 1993-94 par un article de Jaffe et Quinn. Ajoutons-y ici le souvenir d'un congrès qui avait lieu sur une colline au nom prédestiné, le Monte Verità ; le topologue et géomètre Raoul Bott (1923-2005) disait en termes imagés, entre deux éclats de son rire chaleureux : « c'est notre rôle à nous mathématiciens de prendre en charge l'éducation de tous les magnifiques bâtards engendrés par la fécondité des physiciens ».

L'article cité est celui d'Arthur Jaffe et Frank Quinn, «Theoretical mathematics» : toward a cultural synthesis of mathematics and theoretical physics, Bulletin of the American Mathematical Society 29 (1993), 1-13. Et les réponses, dans le même journal, 30 (1994), 161-211

De même, Rudolph Bkouche qui critique volontiers l'enseignement actuel des mathématiques écrit : « Il nous faut alors rappeler que l'idée de travaux pratiques en mathématiques est bien antérieure aux ordinateurs : Emile Borel en avait déjà parlé lors de la réforme de 1902 avec le projet de laboratoire de mathématiques comme il en existait en physique. Enfin le renvoi ci-dessus à l'électrocinétique nous rappelle que les objets de la physique sont tout aussi idéaux que les objets géométriques : que sont U, R, i qui apparaissent dans la loi d'Ohm, ou F, m, g qui apparaissent dans l'équation fondamentale F = mg de la mécanique, en quoi sont-ils des données premières de l'expérience ? Ils sont en fait plus difficiles d'accès que les objets de la géométrie et ce n'est pas par le seul fait du hasard que la science géométrique se soit constituée comme science bien avant la mécanique. Dans ces conditions, on peut considérer que la distinction entre mathématiques et physique s'appuie, en ce qui concerne la

les axiomes évoluaient du rang de vérités évidentes à celui d'hypothèses pouvant être prises en considération du seul fait de leur fécondité[49].

---

géométrie, sur une tradition dans la mesure où la géométrie s'est constituée très tôt comme science rationnelle, ce qui a conduit à oublier son caractère de science physique. » (http://www.sauv.net/bkouche1.php voir aussi le lien vers les travaux de Bkouche sur le site de Michel Delord.)
Engels se veut très clair :
« Dans le présent ouvrage (l'ouvrage visé est l'Anti-Dühring NDR), la dialectique a été conçue comme la science des lois les plus universelles de *tout* mouvement. Cela inclut que ses lois doivent être valables aussi bien pour le mouvement ans la nature et dans l'histoire humaine que pour le mouvement de la pensée. Une telle loi peut être reconnue dans deux de ces trois sphères et même dans toutes trois, sans que ce routinier de métaphysicien se rende compte que c'est une -seule et même loi qu'il a reconnue.
Prenons un exemple. De tous les progrès théoriques, aucun ne passe sans doute pour un triomphe aussi élevé de l'esprit humain que l'invention du calcul infinitésimal dans la deuxième moitié du XVIIe siècle. Plus que n'importe où, nous avons là un exploit pur et exclusif de l'esprit humain. Le mystère qui entoure, aujourd'hui encore, les grandeurs employées dans le calcul infinitésimal, différentielles et infinis de différents degrés, est la meilleure preuve de la persistance de cette illusion qu'on a ici affaire à de pures «créations et imaginations libres» (Expression de Dühring NDR) de l'esprit humain, auxquelles rien ne répondrait dans le monde objectif. Et c'est pourtant le contraire qui est vrai. Pour toutes ces grandeurs imaginaires, la nature offre les modèles. » (Engels, Dialectique de la nature, Editions sociales, p.273)
[49] Au lieu de chercher à démontrer dialectiquement les axiomes.
« Les rares déterminations de la pensée dont les mathématiques aient besoin comme points de départ sont ce qu'on appelle les axiomes mathématiques. Les mathématiques sont la science des grandeurs; elles partent du concept de grandeur. Elles en donnent une définition boiteuse et y ajoutent ensuite de l'extérieur, sous forme d'axiomes, les autres déterminations élémentaires de la grandeur qui ne sont pas contenues dans la définition, ce qui fait apparaître les axiomes comme non démontrés et, naturellement aussi, non démontrables *mathématiquement*. L'analyse de la grandeur ferait apparaître toutes ces déterminations axiomatiques comme des déterminations nécessaires de la grandeur. Spencer à raison dans ce sens que *l'évidence*, manifeste pour nous, de ces axiomes est *acquise par hérédité*. *Ils* sont démontrables dialectiquement dans

La recherche d'un algorithme universel, c'est-à-dire un algorithme permettant de résoudre automatiquement n'importe quel problème, l'idée que tout problème avait une solution dans un algorithme et qu'il existait un algorithme universel pour régler tous les problèmes restait une des quêtes fondamentales des sciences mathématiques. Ouverte par Leibniz[50], la question était toujours pendante quand Hilbert posa sur la table la boîte de pandore des 23 questions.

A partir du moment où un système est cohérent et complet, on démontre qu'il est décidable, c'est-à-dire qu'il existe une procédure qui permet de dire si une assertion est vraie ou non. Mais avec Gödel, puis les travaux de Church (1936) ou de Turing (1936), s'envolaient la possibilité de réaliser un algorithme universel.

Bien avant que la pensée métaphysique ne démontre, même dans le cadre intellectuel étriqué[51] de la logique, qu'elle était rattrapée par la complexité de la réalité, la dialectique avait envoyé par le fond sa prétention à appréhender correctement l'ensemble du réel. Que la logique formelle puisse se mouvoir à son aise dans la sphère mathématique où par essence[52], dans les axiomes, on pose la non

---

la mesure où ils ne sont pas de pures tautologies » (Engels, Dialectique de la nature, Editions sociales, p263)

Dans la pratique, les mathématiciens sont loin du discours dominant ; au sens où loin d'explorer le monde des axiomes, ils se contentent, de fait, de jeux d'axiomes limités et relativement définis.

[50] «On découvrira un jour une méthode générale dans le cadre de laquelle il sera possible de réduire toutes les données rationnelles à une sorte de calcul». (Leibniz, 1686)

[51] « (…) si respectable que soit ce compagnon tant qu'il reste cantonné dans le domaine prosaïque de ses quatre murs, le bon sens connaît des aventures tout à fait étonnantes dès qu'il se risque dans le vaste monde de la recherche, et la manière de voir métaphysique, si justifiée et si nécessaire soit-elle dans de vastes domaines dont l'étendue varie selon la nature de l'objet, se heurte toujours, tôt ou tard, à une barrière au-delà de laquelle elle devient étroite, bornée, abstraite, et se perd en contradictions insolubles. » (Engels, Anti-Dühring, Editions sociales, p.51)

[52] «Il n'y a que dans les mathématiques, - science abstraite qui opère avec des objets idéaux (même si ce sont des décalques de la réalité) - que l'identité abstraite et son antithèse avec la différence soient à leur place, et, dans ce domaine lui-même, elle est constamment levée.» (Engels, Dialectique de la nature, p.216)

identité des contraires, le tiers exclu[53] , etc. et que donc, par un renversement curieux, mais conforme à l'idéologie de la

---

[53] Toutes les logiques ne posent pas comme axiome le tiers exclu ou le principe de non contradiction. A côté de la logique classique (aristotélicienne) se sont développées d'autres logiques, comme par exemple, la logique intuitionniste ou constructiviste de Brouwer (1881-1966) qui se refuse à prendre en compte le principe du tiers exclu quand il ne lui paraît pas opérant (cf. . http://www.matierevolution.org spip.php? article2784). Bien évidemment, le fait de ne pas le prendre en compte ne transforme pas ipso facto la logique en dialectique ; pas plus que le fait d'utiliser le tiers-exclu soit condamnable. C'est même une loi fort respectable dès lors qu'elle reste cantonnée là où cela a un sens de l'appliquer. Qu'elle soit utilisée dans la logique d'Aristote et non dans celle de Brouwer (et encore pas systématiquement et dans tous les cas), ne fait pas de Brouwer un dialecticien supérieur à Aristote. L'essence de la logique formelle n'est pas modifiée et d'ailleurs Gödel démontrera que la logique classique -incluant le tiers exclu- pouvait être traduite dans la logique intuitionniste. Gödel, met notamment en évidence que, malgré le rejet de la loi du tiers exclu, la loi de la non-contradiction est présente dans la logique intuitionniste. La logique intuitionniste n'engendre pas un saut qualitatif par rapport à la logique classique. Quand Brouwer accepte ou refuse la loi du tiers exclu, il se place dans les deux cas dans le cadre d'une logique formelle. Dire que le tiers exclu ne fonctionne pas dans le cadre d'objets historiques n'induit pas pour Brouwer un ralliement à la dialectique, mais à se contenter d'une aporie, à se contenter d'une connaissance insuffisante et non à rechercher une méthode qui permette une connaissance supérieure. S'il l'avait fait, il aurait renoué avec la critique de Hegel. Brouwer traite le tiers exclu en dehors de la dialectique. Il y a deux manières de montrer les limites du tiers-exclu : à la manière de Hegel dans le cadre de la dialectique ou comme Brouwer, en restant dans le cadre de la logique formelle. La logique intuitionniste n'en a pas moins eu des applications importantes dans le monde informatique où elle est mise en œuvre. Quelle que soit l'utilité de cette logique, elle ne constitue pas pour autant un saut qualitatif par rapport à la logique classique. Ce n'est pas en frottant la logique d'Aristote à celle de Brouwer que l'on allumera le feu de la dialectique.

On ne peut pas non plus faire de la philosophie des mathématiques de Brouwer (et du constructionnisme - les spécialistes en distinguent au moins 6 variétés -) qui était un partisan de Kant, le philosophe préféré des révisionnistes, un parangon pour la restauration du marxisme. Un tel sujet mérite bien des développements que nous n'entreprendrons pas ici. Brouwer rattache explicitement l'intuitionnisme à Kant. L'intuitionnisme

métaphysique, de l'échelle des valeurs, les mathématiques apparaissent comme la reine des sciences[54] ne signifiait pas que la

---

se veut une forme de rénovation, une mise à jour, un renouvellement du kantisme. On abandonne la vieille forme de l'intuitionnisme qui se trouve chez Kant. Celle-ci repose sur le temps et l'espace comme formes pures de l'intuition, c'est-à-dire comme conditions a priori, dans la sensibilité, de l'expérience (la connaissance issue de l'analyse des sensations). Selon Brouwer, la conception kantienne pour qui les propositions de la géométrie sont synthétiques a priori était battue en brèche par les géométries non euclidiennes et le développement de la rigueur dans les mathématiques du XIXᵉ siècle. Brouwer rejette alors la vision de Kant de l'espace et propose de fonder les mathématiques uniquement sur une conception kantienne du temps.

Là où les courants dominants des mathématiques (logiciens, formalistes par exemple) tentent de se réfugier dans une tour d'ivoire, en visant à abstraire totalement les mathématiques de la réalité, pour les plonger dans un formalisme qui menace de les dessécher, un Brouwer éclectique cherche dans un demi kantisme à préserver un lien avec l'intuition sensible, à rechercher le pouvoir créateur des mathématiques au-delà d'une logique qui peut conduire à une vision étriquée et stérile des mathématiques. C'est l'intérêt de sa réaction (et avant lui celle de Poincaré). Mais celle-ci passe non pas par la défense résolue du matérialisme et de la dialectique mais dans le recours à un néo kantisme un peu ridicule, qui n'est qu'un matérialisme honteux, pour aboutir à une autre logique qui ne sort pas, quelles que soient les réalisations qu'elle a pu permettre, du fonds de pensée métaphysique. Que le théorème de Gödel ait barré la route au logicisme et au formalisme ne donne pas pour autant le droit de ranimer un kantisme moribond.

Que l'intuitionnisme soit marginalisé voire considéré comme une secte, que Poincaré, le plus grand savant de la fin du XIXᵉ siècle et du début de XXᵉ siècle, quelle que soit son influence, n'ait pas véritablement laissé d'école (les plus grands mathématiciens français du XXᵉ siècle, Weil, Grothendieck, sont passés par Bourbaki, héritier spirituel d'Hilbert) montre, nonobstant les faiblesses intrinsèques des points de vue intuitionnistes ou pré intuitionnistes que le marxisme doit critiquer sans ménagement, à quel point la pensée métaphysique est prégnante dans les mathématiques et quelles ruses doit déployer la dialectique pour cheminer.

[54] Le socialisme, s'il la relativise, ne rejette pas pour autant la méthode mathématique ; bien au contraire. Dans ses souvenirs personnels sur Karl Marx, Paul Lafargue relate que « Marx retrouvait dans les mathématiques supérieures le mouvement dialectique sous sa forme la plus logique et la plus simple. Une science, disait-il, n'est vraiment développée que quand

logique formelle, passée certaines limites, ou un certain type d'usage, ne rencontre pas des difficultés (y compris dans son champ de prédilection) pour appréhender correctement la réalité.

Ce n'est pas non plus que le marxisme méprise la logique formelle. Il ne nie pas les résultats puissants que cette logique a obtenus et obtient. Il reconnaît sa puissance et son efficacité quand elle arrive à déployer sa méthode. Il n'en oublie pas non plus sa beauté. Il suffit de voir revenir les mathématiciens de leurs voyages, les yeux encore éblouis de ce qu'ils ont vu. La logique formelle n'est pas une science immuable et il est indéniable qu'à partir de Boole, des perfectionnements sont apportés à la logique formelle, sa formalisation est améliorée, de nouvelles voies sont explorées (logique intuitionniste, logique trivalente, …) et si en ce début de XXe siècle on peut considérer qu'elle repose sur une vingtaine de principes indépendants qui la font aller au-delà de tautologies stériles comme le veulent ses contradicteurs[55] cela ne modifie en rien son essence.

En se perfectionnant la logique formelle a étendu son degré d'adaptation, sa formalisation est plus efficace, mais cela n'a engendré aucun saut qualitatif quant à son essence. Ses principes, mieux définis et même élargis, ne la font pas changer de nature. Le marxisme ne lui reproche pas de se limiter à ces principes[56]. Le marxisme conteste, en revanche, les démarches scientifiques, y

---

elle peut utiliser les mathématiques. ». De même, Engels critiquait le jugement de Hegel sur la pauvreté de pensée de l'arithmétique. (Cf. Dialectique de la nature. p.264).

[55] Ses défenseurs ne font cependant que se placer dans la tradition de Leibniz qui lie logique et mathématiques. Leibniz versus Kant voilà les antinomies philosophies dans lesquelles se débattent, un siècle après Hegel, les principaux courants des mathématiques.

[56] « Pour le métaphysicien, les choses et leurs reflets dans la pensée, les concepts, sont des objets d'étude isolés, à considérer l'un après l'autre et l'un sans l'autre, fixes, rigides, donnés une fois pour toutes. Il ne pense que par antithèses sans moyen terme : il dit oui, oui, non, non; ce qui va au-delà ne vaut rien. Pour lui, ou bien une chose existe, ou bien elle n'existe pas; une chose ne peut pas non plus être à la fois elle-même et une autre. Le positif et le négatif s'excluent absolument; la cause et l'effet s'opposent de façon tout aussi rigide. » (Engels, Anti Dühring, Editions sociales, p.51)

compris dans les mathématiques, qui voudraient en rester exclusivement à cette méthode. Passé un certain degré de complexité qui varie suivant les domaines en fonction de la nature de l'objet, la dialectique devient une nécessité. C'est le cas pour les mathématiques dès lors que l'on aborde les mathématiques supérieures et Marx comme Engels l'ont montré notamment à propos du calcul différentiel. Le marxisme affirme que ce qui reste de la philosophie consiste dans les lois de la pensée : la logique formelle et la dialectique. Le marxisme ne rejette donc pas la logique formelle. Les catégories de la logique formelle peuvent toujours être utilisées dès lors qu'elles sont opérantes et Engels ne s'en prive pas. En revanche, le marxisme considère que passé un certain degré de complexité (et cela vaut aussi dans une certaine mesure pour les mathématiques), la logique devient inopérante car nous faisons face à un monde en mouvement où les contraires s'interpénètrent, ou de simples variations quantitatives engendrent des sauts qualitatifs et inversement, ... La critique de la logique par elle-même, les paradoxes de Russell[57] ne sont-ils pas un écho du bruit de la dialectique qui frappe à la porte du monde policé de la logique formelle.

Wiener et la cybernétique

Avant même l'ordinateur, Norbert Wiener (1894-1964), le père de la cybernétique s'intéressait à l'automatisation de la décision.

N'en déplaise aux pacifistes, la guerre est un puissant facteur d'accumulation et de progrès scientifique et technique. C'est en constatant que l'homme n'était plus capable de guider et calculer suffisamment rapidement les défenses antiaériennes, compte tenu de la vitesse et de l'altitude des avions modernes, que s'affirma une nouvelle fois la nécessité de confier la décision à une machine, seule capable de faire les bons choix au bon moment.

Pour résoudre les questions soulevées par une telle situation, il a fallu mobiliser et étudier les théories du traitement de l'information et de la communication et du calcul automatique. Ces travaux sont à

---

[57] Plus tard, Russell en fournira un exemple explicite : Tous les hommes qui ne se rasent pas eux-mêmes se font raser par le barbier. A quel ensemble appartient le barbier ?

l'origine de la cybernétique[58] dont le fondateur est Norbert Wiener. Le terme est dérivé du grec ancien où il signifie pilote, gouvernail, et donc a trait avec l'art de diriger un navire, la science du gouvernement[59], de la direction de la société à l'aide de machines.

Au cœur de la cybernétique nous trouvons les concepts de rétroaction (feed-back) et de mémoire. Pour poursuivre un objectif en dépit des perturbations extérieures, la rétroaction permet un ajustement rapide par une action en retour sur les paramètres du système[60]. Quant à la «mémoire», elle est là pour tirer profit des stratégies antérieures qui se sont révélées positives.

Il n'en suffisait pas plus pour que les savants métaphysiciens, dont fait partie Norbert Wiener, voient là une nouvelle science[61] et de plus une nouvelle révolution industrielle[62] (cf. citation à la fin du chapitre sur la seconde révolution industrielle).

Ces conceptions sont antérieures à la naissance de l'ordinateur, au sens strict du terme[63], même s'il est indéniable que les perspectives qu'elles ouvrent s'inscrivent dans le cadre d'influences et de travaux connexes et surtout d'un mode de pensée commun caractéristique

---

[58] Le concept comme l'achèvement des principaux concepts constitutifs date de 1947 mais les travaux fondateurs datent de 1942.

[59] Le physicien français André-Marie Ampère (1775-1836) appelle cybernétique le domaine de la politique qui s'occupe des moyens de gouverner.

[60] L'équivalent de ce concept était déjà présent dans la pensée scientifique dans la deuxième moitié du XIXe siècle (le servomoteur de Farcot - appliqué justement au gouvernail des navires -, Claude Bernard pour les sciences de la vie, Maxwell pour la physique mathématique, rétroactions des champs magnétique et électrique, etc.)

[61] Il est intéressant de souligner que la cybernétique trouvera un écho particulièrement important dans les pays «socialistes». Ceux-ci verront là un bon moyen pour s'émanciper encore plus d'une «dialectique» qui n'avait d'ailleurs guère été assimilée, puisque dès l'involution de la révolution, on n'avait eu de cesse de lui ôter tout tranchant révolutionnaire et de la transformer en une forme de ratiocination.

[62] Bien entendu, avant la cybernétique on savait faire prendre des «décisions» à la machine. N'importe quel thermostat ou soupape de sécurité dans la machine à vapeur est là pour en témoigner. Comme pour l'ordinateur, l'électronique va fournir la vitesse et la précision qui manquaient à la mécanique.

[63] Si nous admettons que celui-ci commence avec Von Neumann (1945).

du cadre de pensée dominant de la bourgeoisie : la métaphysique. Pour le métaphysicien, on est dans le monde du «ou bien», «ou bien». Les choses sont ou bien ceci ou bien cela ; les choses sont ou ne sont pas. Il n'analyse pas la réalité dans son mouvement, dans son développement depuis sa genèse jusqu'à sa mort, mais comme un état. En revanche, la dialectique qui cherche à percer les lois du mouvement, pense que les choses sont «aussi bien ceci» que «aussi bien cela» ; les contraires ne sont pas uniquement polarisés ; ils s'interpénètrent et à un certain degré passent de l'un à l'autre. Les contraires ont une dynamique, un mouvement, au positif est lié le négatif et dans ce mouvement, le positif est nié par le négatif qui lui-même est nié à son tour. La quantité se transforme en qualité et inversement. On relira avec profit, sur toutes ces questions, l'ouvrage d'Engels : «Dialectique de la nature», ignoré et méprisé par le courant communiste révolutionnaire actuel, sous l'influence des marxistes idéalistes comme Lukàcs, Korsch ou Pannekoek[64].

La défense de la dialectique méritera bien d'autres développements. Il nous suffit ici d'affirmer la relation forte qui existe entre les différentes théories qui tournent autour de la cybernétique, de l'intelligence artificielle, des «sciences cognitives» et la métaphysique. Cependant, la métaphysique est bien plus ancienne que l'existence de la bourgeoisie. De ce point de vue, les théories de la cybernétique s'inscrivent dans une tradition ancienne qui pose la logique formelle, la forme de pensée privilégiée de la pensée bourgeoise, comme la seule méthode scientifique pour la compréhension générale du monde. Face à elle, il existe une autre forme de pensée qui englobe et dépasse la première et qui fait de la dialectique sa méthode. Elle est irrémédiablement associée au socialisme, à la lutte des classes, au renversement violent de la bourgeoisie, à la dictature du prolétariat, autant dire qu'il s'agit d'une abomination pour la classe dominante et

---

[64] Dans ses débuts, Communisme ou Civilisation (1976-1994), était également sous l'influence de ces courants et nous avions repris à notre compte (cf. notamment le n°3) les attaques des philosophes de l'ultra-gauche contre Engels et la dialectique de la nature. Notre patient travail de retour à Marx nous a montré l'inanité de ces positions tout comme celle d'une divergence, sur ces sujets, entre Marx et Engels. Il reste que, au-delà d'éléments embryonnaires et à l'état de brouillon, nous ne nous sommes pas encore attelés à la vaste tâche de publier des éléments détaillés de critique de ces positions. Ceci reste une tâche de parti à assurer.

ses savants (même si ceux-ci sont contraints de l'adopter inconsciemment).

Vers l'ordinateur

Pour être antérieures à l'ordinateur les théories de la cybernétique ne sont pas pour autant détachées d'un certain nombre d'évolutions qui auront aussi pour résultat l'ordinateur. Il est assez difficile de tracer une ligne de démarcation entre le calculateur électronique binaire et l'ordinateur. Pour en rester au niveau du concept, quelles que soient les évolutions techniques (mécanique versus électronique) ou d'affermissement de la logique (algèbre de Boole, calcul binaire) qui les sous-tendent, nous pourrions dire que les diverses machines mises en œuvre jusqu'en 1945, sont d'un point de vue théorique, des machines de Babbage. Il existe cependant une différence entre la machine de Babbage et l'ordinateur, la machine de Von Neumann. Le programme, les instructions, font l'objet d'un traitement spécifique, qualitativement différent des données, dans la machine de Babbage. Ils sont extérieurs au système. C'est ce qui explique qu'on appelle aussi les «machines de Babbage» : «machines à programmation externe».

John Von Neumann fera la synthèse des avancées et des idéologies de son époque (reconnaissance explicite du calcul binaire, conceptualisation avancée de l'ordinateur - machine de Turing[65],

---

[65] En 1937-1938, Alan Turing, jeune et brillant mathématicien conçoit une machine qui porte son nom. Il ne s'agit pas d'une machine au sens strict mais d'un concept de machine permettant d'exécuter l'ensemble des algorithmes. Turing jouera un rôle important pendant la deuxième guerre mondiale en participant à la mise au point des calculateurs qui casseront le code des messages de l'armée allemande. Après-guerre, dans un article mythique pour la pensée métaphysique, « les machines peuvent-elles penser ? » il élaborera le test qui porte également son nom. Faute de pouvoir, et pour cause, fournir une réponse directe à cette question, Turing s'en tire par une pirouette. Dès lors, que l'on ne serait pas capable de distinguer si une réponse est fournie par un homme ou une machine, nous devons considérer que la machine pense. Au tournant du XXIe siècle, la pensée métaphysique triomphait : le champion du monde d'échecs était battu par la machine, le test de Turing trouvait une de ses applications. Le cerveau et l'ordinateur fusionnaient. La pensée métaphysique célébrait l'accouplement monstrueux de la puce et de la souris. Les échecs sont un jeu où tous les paramètres sont formalisés ou

du moins relativement facilement formalisables. La question du poids relatif des pièces, bien que schématiquement traité, peut être plus complexe ; mais il peut aussi être paramétré. C'est notamment ce phénomène qui est à la base de cette réflexion d'Edgar Poe «Je prends donc cette occasion de proclamer que la haute puissance de réflexion est bien plus activement et plus profitablement exploitée par le modeste jeu de dames que par toute la laborieuse futilité des échecs. Dans ce dernier jeu, où les pièces sont douées de mouvements divers et bizarres, et représentent des valeurs diverses et variées, la complexité est prise – erreur fort commune – pour de la profondeur. L'attention y est puissamment mise en jeu. Si elle se relâche d'un instant, on commet une erreur, d'où il résulte une perte ou une défaite. Comme les mouvements possibles sont non-seulement variés, mais inégaux en puissance, les chances de pareilles erreurs sont très multipliées ; et dans neuf cas sur dix, c'est le joueur le plus attentif qui gagne et non pas le plus habile. Dans les dames, au contraire, où le mouvement est simple dans son espèce et ne subit que peu de variations, les possibilités d'inadvertance sont beaucoup moindres, et l'attention n'étant pas absolument et entièrement accaparés, tous les avantages remportés par chacun des joueurs ne peuvent être remportés que par une perspicacité supérieure.»

Les ordinateurs du fait du nombre considérable de coups possibles (plus grand que le nombre d'atomes de l'univers observable) ne peuvent en dépit de leur puissance de calcul prendre en compte l'ensemble des parties possibles. Les programmes cherchent le coup optimum en explorant les diverses voies possibles - a contrario on citera cette réplique d'un champion à qui on demandait combien de voies il explorait : « un coup mais le bon »- sur le plus grand nombre de coups possibles (lors de la confrontation avec Kasparov, la profondeur atteinte est de l'ordre de 6 demi-coups et elle s'accroît avec la puissance des machines). Ils s'aident aussi de bibliothèques de parties déjà existantes pour éventuellement aller plus loin dans les arbitrages. Nous pouvons donc constater que la quantité de coups possibles pose un problème qualitatif. D'autre part, une somme d'optimisation sur une certaine profondeur ne fait pas une stratégie globale. Les parties gagnées par Kasparov ont justement joué sur la capacité stratégique du cerveau humain. Par exemple, il abandonnait un pion qu'il savait que nécessairement il récupérerait une trentaine de coups plus tard, sans pour autant savoir précisément quand.

La pensée métaphysique triomphante oublie même ce qu'elle dit. Ce n'est pas parce que l'ordinateur gagne que l'on peut affirmer que la machine pense. Le socialisme non seulement ne nie pas que la machine puisse faire des choses qui sont hors de portée de l'homme (que ce soit de sa main ou de son cerveau) mais il en fait même une caractéristique du machinisme.

possibilité d'asseoir le raisonnement logique et l'algèbre de Boole sur des circuits électriques[66] puis électroniques, métaphore du cerveau et de l'ordinateur, assimilation du calcul binaire au processus de pensée par le cerveau[67]) en transformant la machine de Babbage. En traitant le programme sur le même plan que les données, en les mettant dans la mémoire, la machine obtenue avait les mêmes propriétés que la machine de Turing et pouvait donc exécuter l'ensemble des algorithmes. La dialectique insiste souvent sur le fait que la quantité se transforme en qualité. Mais la réciproque est tout aussi vraie et parfaitement illustrée ici. Babbage et ses machines étaient restés prisonniers des limites de la mécanique[68]. Une nouvelle conception de la matière, le passage de Newton à Einstein, la montée en puissance de l'électronique permirent la précision et la vitesse

---

Le test dit qu'il ne faut pas distinguer l'homme de la machine. Au XIXe siècle, analysant avec attention le jeu de l'automate du Baron Kempelen, Edgar Poe démontra qu'il y avait un homme caché dedans (cf. le joueur d'échecs de Maelzel). Nous ne doutons pas une minute que l'analyse du jeu de Big blue montrerait que derrière le représentant d'IBM qui pousse les pièces sur l'échiquier se cache un ordinateur, tant il est vrai que chaque joueur a un style.

Turing, homosexuel et sans doute membre des services secrets, sera poussé au suicide. Il croquera une pomme empoisonnée comme Blanche Neige, dont il avait toujours la comptine aux lèvres - le dessin animé est sorti en 1938 -. Bien que ce soit un mythe, certains virent dans le logo d'Apple une allusion à cet épisode.

[66] En 1937, alors qu'il travaillait sous la direction de Norbert Wiener et de Vannevar Bush (le père de l'hyper texte dont le parfum humaniste ne doit pas faire oublier que notre savant fut partie prenante du programme Manhattan qui aboutit au lancement de la bombe atomique sur le Japon), Claude Shannon qui s'illustrera, par la suite, avec ses théories de l'information, montra que les règles de l'algèbre de Boole étaient entièrement réalisables à l'aide de circuits à relais électriques

[67] En 1943, Waren Mc Cullogh et Walter Pitts élaborent un modèle de neurone artificiel. Assimilé au neurone biologique dont on affirme qu'il a un fonctionnement binaire, ce modèle contribue, en même temps qu'il est assis dessus, à l'identification du cerveau et de la machine.

[68] Un dicton de mécanicien dit « le jeu est l'âme de la mécanique ». L'usure des pièces, la précision de l'usinage, la masse des pièces qui limite leur vitesse ont été autant d'obstacles pour le calcul automatique tant qu'il est resté dans la sphère de la mécanique.

d'exécution que la mécanique, limitée par le jeu et la masse, ne pouvait apporter.

Cependant même ainsi, du point de vue de la logique, la machine reste confinée exclusivement dans le monde de la logique formelle, du calcul. Elle ignore le qualitatif et toutes les lois du mouvement que seule la dialectique peut comprendre. La machine a horreur des points sur les i. L'implicite, l'intuition, l'imagination, l'ironie, bref la véritable intelligence, lui sont inaccessibles.

Les «décisions» que la machine peut prendre sont donc possibles uniquement si nous pouvons subsumer les divers paramètres de celles-ci dans le cadre de la logique formelle. Du jour où cela est possible, on peut envisager une automatisation de la décision[69]. Evidemment, l'automatisation de la «décision», pas plus que l'«interactivité », ne sont en rien liées, a priori, à l'ordinateur. N'importe quel ascenseur est là pour nous en convaincre. Néanmoins, dès qu'elle prétend aller au-delà, l'informatique, guidée de plus exclusivement par l'intérêt du capital, rencontre rapidement des limites. Par exemple, dans les années 1980, on a vu surgir le projet de créer des «systèmes experts», c'est-à-dire des systèmes susceptibles de reproduire le comportement et les décisions d'un expert du domaine (par exemple, dans le diagnostic de panne, ou en médecine). Or, rapidement, le projet de modéliser une expertise véritable pour la transformer en programme informatique est apparu une gageure. Ce projet ne peut se réaliser en partie qu'en simplifiant outrageusement les problèmes à moins d'être capable de ramener l'expertise à des paramètres formels. Mais l'illusion est tenace et les milieux que la division sociale du travail a confiné dans cette illusion (les ingénieurs, les informaticiens...) apprennent peu de leurs échecs. A chaque fois, on remet à demain (quand la machine ou le réseau seront plus puissants) le dépassement des limites. Généralement, il

---

[69] Ceci pour le meilleur et pour le pire. Les krachs modernes sont désormais assistés par ordinateur. Les machines sont programmées pour vendre à un certain seuil. Dès lors qu'ils sont atteints, les ventes se multiplient automatiquement amplifiant facilement les mouvements boursiers. Il en va de même de la spéculation, le « trading à haute fréquence » repose sur des ordinateurs toujours plus puissants et des réseaux et point d'accès aux réseaux toujours plus efficaces (60% des opérations sont bouclées dans la seconde – source : lettre de Verminnen, N°107, Avril 2012)

n'en est rien[70]. Cette prise de conscience véritable ne pourra pas se faire tant que la métaphysique régnera en maîtresse sur la pensée scientifique et technique. Et elle sera maîtresse tant que la révolution socialiste n'aura pas libéré la pensée humaine de ses préjugés.

Un concept élastique et mercantile

Outre celle de la cybernétique, nous connaissons au moins trois revendications de troisième révolution industrielle. Il est vrai qu'elles participent toutes de racines communes même si leur objet est différent. Dans les années 1980, la troisième révolution industrielle trouvait sa source dans la robotisation. Dans les années 90, son champion était le multimédia, et dans la fin de la décennie, le relais est pris par Internet. L'usine 4.0, *new look*, reprend les uns et les autres pour annoncer la quatrième révolution industrielle.

La robotique

Si nous laissons de côté Terminator, le chien de Sony et quelques autres réalisations ou projets, pour nous centrer sur le robot industriel tel qu'il a été mis en place notamment dans les usines de montage automobile, on désigne en fait sous le nom de robot un type de machines-outils programmables susceptibles de se mouvoir avec plus de 3 degrés de liberté, ce qui leur donne ce mouvement singulier qui les fait ressembler à un oiseau au long cou. Ici aussi, grâce à l'électronique et la programmation, on parvenait à dépasser certaines limites de la mécanique. La mise en place de ces machines a été l'occasion pour l'éclosion de nombreux fantasmes dans la classe dominante, les uns purement intéressés comme d'habitude, les autres liés aux conséquences économiques et sociales supposées de

---

[70] Des succès peuvent cependant être atteints dès lors que la machine est capable de traiter une très grande quantité de données objectives issues d'analyses, de capteurs, …, dont l'examen détaillé est pratiquement hors de portée de l'homme. Par exemple, aujourd'hui certains systèmes experts sont capables de diagnostiquer certains cancers à partir de l'analyse du code génique et de biomarqueurs avec un taux de succès plus élevé que les médecins spécialistes su sujet. Il y eu un déplacement de l'expertise du fait de son évolution, nonobstant le fait que de toutes façons ce sont bien des hommes qui conçoivent le système expert, et non une véritable substitution.

telles machines. Bien entendu, sur le plan théorique, notre parti en avait déjà fait la description un siècle plus tôt (voir ci-dessus les références à Marx, notamment dans le chapitre 15 du livre I du Capital). C'était aussi surestimer, et ceci est le propre de la pensée métaphysique, les capacités et le champ d'application de ces machines. Leur nom même, robot, était à lui seul un programme métaphysicien. Passé les premières ivresses, on s'aperçut que pour qu'elles soient parfaitement efficaces, il fallait concevoir la fabrication des pièces, leur forme et leur composition, dans la perspective de leur passage entre les bras du robot. D'autre part, la fragilité relative des machines pouvait les conduire à des pannes qui limitaient leur rentabilité. Elles ne pouvaient donc pas être utilisées dans n'importe quel environnement sans précaution.

Le multimédia

Le multimédia est la réunion sur un support numérique de textes, de sons, d'images fixes ou animées sous l'égide d'une programmation informatique. De nombreux beaux esprits ont voulu voir dans ce phénomène, dont nous ne nions pas l'importance, une nouvelle révolution. Par exemple : «Après Gutenberg et l'invention de l'imprimerie, une autre innovation ou plutôt «concept» technologique s'apprête à révolutionner le monde de la communication : le Multimédia ou le tout numérique» (Le savoir-faire français et le multimédia, CFCE, p.13, 1992). Cette immense déferlante devait reléguer au musée Gutenberg et Lumière, Niepce et Charles Cros. Mais la grande caractéristique commune tant de l'imprimerie[71] que des appareils de reproduction de l'image et du son

---

[71] « Je voudrais introduire mon exposé par une sorte de conte. Nous entrons dans une nouvelle ère de la communication, grâce a un outil révolutionnaire, individuel, portable, personnel. Une extension de notre mémoire, voire une extension de notre imagination, un outil qui peut relier et rapprocher les hommes dans des réseaux de diffusion des savoirs et cela au-delà du temps et au-delà de l'espace. Mais comme tout outil révolutionnaire, il y a les enthousiastes et les sceptiques. D'un côté, pour les enthousiastes, cet outil va permettre une plus large diffusion de la culture et bien entendu de la science et des grandes découvertes. Il va favoriser l'égalité entre les hommes. Il va aussi développer l'esprit critique et la créativité et même créer de nouveaux métiers.

est de permettre la **reproduction** des supports de la pensée et de l'expression humaines : textes, discours, illustrations, dessins, œuvres musicales, etc. Les arts qui se sont développés depuis la révolution industrielle sont marqués du sceau de la reproductibilité. La photographie, à la différence de la peinture, le cinéma[72], à l'encontre du théâtre, permettent que leur résultat soit reproductible à volonté, le coût de cette reproduction étant infiniment plus faible que leur coût de production. On notera également que devient toujours plus réactionnaire l'infecte «propriété intellectuelle» propre au droit bourgeois. Alors que ces technologies permettent comme jamais la reproduction des œuvres, tant du point de vue économique que de la qualité de la reproduction. En même temps qu'il est battu en brèche, le droit de la propriété intellectuelle devient un des principaux obstacles à la diffusion des contenus.

Ce n'est donc pas une caractéristique du logiciel ni du numérique que de permettre la reproduction de l'information, de la

---

Pour les sceptiques ou les plus réservés, cet outil révolutionnaire va isoler les hommes dans une sorte de bulle individuelle d'information, créer de nouvelles exclusions entre ceux qui savent s'en servir et ceux qui ne le savent pas, entre les riches qui peuvent s'acheter ces outils et ceux qui ne le peuvent pas. Il va homogénéiser la culture, déjà l'information qu'il véhicule est représentée à 80 % par une seule langue. Il y a un risque sur la fiabilité des informations qu'il diffuse, un risque de vol des idées, d'espionnage, de subversion. Ce nouvel outil révolutionnaire peut être un outil de diffusion de la pornographie. Il nécessite donc une censure et une réglementation des institutions qui sont sapées par son essor. Mesdames et Messieurs, de quel outil s'agit-il ? De l'ordinateur ? Non. De l'Internet ? Non plus.

J'ai oublié de vous dire que mon conte se situe au XVe siècle et que nous nous trouvons à la Sorbonne en 1472, quand cette même Sorbonne a adopté, avec la plus grande partie de l'Europe, les premières presses à imprimer ; et que cet outil révolutionnaire, portable et individuel, a pour nom le manuel. » (Joël de Rosnay - la langue est le latin NDR)

[72] «A la différence de ce qui se passe en littérature ou en peinture, la technique de reproduction n'est pas, pour le film, une simple condition extérieure qui en permettrait la diffusion massive ; sa technique de reproduction. Elle ne permet pas seulement, de la façon la plus immédiate, la diffusion massive du film, elle l'exige.» (W. Benjamin, L'œuvre d'art à l'ère de sa reproductibilité technique. In essais, Paris, Denoël.)

connaissance et d'accéder à la culture avec un temps de travail bien plus faible que lors de sa production[73].

La reproductibilité fait donc partie intégrante des médias déjà existants avant l'ère du «multimédia». Il en va de même de la communication à distance. Le téléphone, la télévision, la télécopie et avant eux le télégraphe avaient bouleversé la diffusion du son, de l'image ou du texte. Le multimédia ne peut donc prétendre apporter quelque chose de nouveau quant à ce qui caractérise la révolution industrielle. Il offre, ce qui est déjà beaucoup, la possibilité d'unifier sous une forme nouvelle, en incluant notamment l'interactivité, les divers médias. Cette possibilité d'effectuer à distance toutes sortes d'échanges et de transactions, de piloter des machines, etc. sera évidemment un facteur précieux de développement des forces productives après la révolution prolétarienne.

Internet

Nous avons déjà montré dans le chapitre consacré à la deuxième révolution industrielle les dimensions mercantiles propres à la «révolution internet». Nous n'y reviendrons pas.

Ce qui a été spectaculaire avec le phénomène Internet, c'est la rapidité de son implantation. Il a imposé à tous une norme commune, pas nécessairement la meilleure sur le plan technique d'ailleurs, et permis l'interconnexion à l'échelle mondiale des individus. Il contribue ainsi à réaliser les promesses de l'informatique et des réseaux. Internet apporte ainsi sa pierre à l'unification, à l'échelle mondiale, des moyens de communication. Par exemple, la messagerie électronique existait depuis bien longtemps, mais elle n'avait jamais réussi à véritablement imposer son usage au-delà de quelques cercles. Elle est, aujourd'hui, devenue en une poignée d'années, le principal vecteur de transmission de l'information entre les entreprises pour ce qui est du tissu économique et entre les individus en général.

La révolution industrielle avait aussi été accompagnée d'une révolution des moyens de transport et de communication. Nous avons vu, notamment, que le télégraphe était aussi une composante

---

[73] Pour une analyse des bases matérielles du logiciel libre, cf. nos textes intitulés : Logiciel, monopole et coût de production. (http://www.Robin goodfellow .info/pagesfr/rubriques/logiciel2.htm)

de la révolution des moyens de communication propres à la révolution industrielle[74] .

«Deux découvertes paraissent surtout marquer dans le dix-huitième siècle ; toutes deux appartiennent à la nation française : l'aérostat et le télégraphe. (…) Le télégraphe rapproche les distances. Rapide messager de la pensée, il semble rivaliser avec elle.» Rapport de Lakanal, en 1794, au Comité d'instruction publique.

Dans une satire, en vers, intitulée le Télégraphe, Victor Hugo, en 1819, dépeint les maux qu'il amène. Flaubert, Dumas s'essaieront aussi à sa critique. Plus tard, le Zola journaliste ou d'autres professionnels de la presse se plaignent de son effet sur l'information, le journalisme et la réflexion critique.

«Le flot déchaîné de l'information à outrance… en s'étalant, a transformé le journalisme, tué les grands articles de discussion, tué la critique littéraire, donné chaque jour plus de place aux dépêches, aux nouvelles grandes et petites, aux procès-verbaux des reporters et des interviewers.» (1888)

« L'information, la nouvelle exacte ou inexacte, prend une place de plus en plus considérable dans les colonnes de nos journaux et le style télégraphique tend de plus en plus aussi à remplacer celui des maîtres. Nous nous "américanisons" tous les jours…La presse subit

---

[74] « La révolution dans l'industrie et l'agriculture a nécessité une révolution dans les conditions générales du procès de production de production social, c'est-à-dire dans les moyens de communication et de transport. Les moyens de communication et de transport d'une société qui avait pour « pivot », suivant l'expression de Fourier, la petite agriculture, et comme corollaire, l'économie domestique et les métiers des villes, étaient complètement insuffisants pour subvenir aux besoins de la production manufacturière, avec sa division élargie du travail social, sa concentration d'ouvriers et de moyens de travail, ses marchés coloniaux, si bien qu'il a fallu les transformer. De même les moyens de communication et de transport légués par la période manufacturière devinrent bientôt des obstacles insupportables pour la grande industrie avec la vitesse fiévreuse de sa production centuplée, son lancement continuel de capitaux et de travailleurs d'une sphère de production dans une autre et les conditions nouvelles du marché universel qu'elle avait créé. A part les changements radicaux introduits dans la construction des navires à voile, le service de communication et de transport fut peu à peu approprié aux exigences de la grande industrie, au moyen d'un système de bateaux à vapeur, de chemins de fer et de télégraphes. » (Marx, Capital, L.I, Pléiade, p 928-929)

une transformation complète. Le lecteur exige la brièveté avant tout...Et surtout pas de doctrine ! Pas d'exposition de principe !... Jamais le public n'a été si affamé de scandales !» (E. Lockroy. Préface à l'Annuaire de la presse. 1889[75])

Il ne s'agit pas pour nous de dire qu'il n'y a jamais rien de nouveau sous le soleil et que plus rien n'a été inventé depuis le 19° siècle, ce qui serait évidemment absurde, mais de mesurer la capacité de ces inventions à introduire des ruptures conceptuelles telles que le mérite un concept comme celui de révolution industrielle.

Quels que soient les effets, réels sur l'organisation de la société, sur les perspectives qu'il ouvre, il n'y a pas, à proprement parler de révolution industrielle dans le mouvement de l'Internet. Il y a, ici comme ailleurs, réalisation du même concept qui pour se déployer a dû emprunter les formes du mouvement propres aux diverses sciences. Car, l'élément rationnel qui se cache sous les diverses acceptions de la troisième ou quatrième révolution industrielle ou technologique, c'est l'émergence d'une science sub-atomique. Les découvertes de la radioactivité, de l'électron, une meilleure compréhension de l'effet photo électrique, la mise en évidence de la relativité du temps, la preuve de l'existence des atomes, l'émergence du monde quantique, toutes ces immenses découvertes qui sont autant de victoire de la pensée dialectique jetant à bas la conception métaphysique d'une matière immuable, vont fournir les éléments théoriques qui permettent d'aller plus loin que la mécanique et l'électricité, tandis que la chimie et la biologie montent également en puissance. Nous avons là les effets en retour sur la technique de sciences qui ont atteint une certaine maturité et de l'émergence d'une science nouvelle. Ces bouleversements dans la pensée scientifique, cette révolution scientifique si l'on veut, ont eu lieu dans la première moitié du XXe siècle. Le dernier demi-siècle et depuis, en dépit de l'augmentation considérable du nombre de savants et chercheurs, n'a pas connu de telles mutations théoriques ; il les perfectionnera.

---

[75] Cité par Michael Palmer, in « Petits journaux et grandes agences ».

Un concept instable

Une révolution introuvable ?

A peine certains célèbrent-ils une troisième révolution industrielle, déjà affirmée il a plus d'un demi-siècle par les meilleurs esprits de la bourgeoisie, à peine ont-ils rejoint, en tant qu'arrière garde, la grande armée de la métaphysique, que depuis bien longtemps l'avant-garde a émis des doutes sur la portée réelle de cette révolution. Solow, prix Nobel en sciences économiques, n'a-t-il pas apposé son nom à un paradoxe ? : «On voit des ordinateurs partout sauf dans les statistiques de productivité ». Tandis qu'il est désormais devenu impossible de totalement nier les crises de surproduction qui secouent périodiquement la production capitaliste et que la progression de la productivité décline, l'interrogation se teinte d'angoisse :

« Alors que tous s'accordent sur l'idée qu'investissement et innovation sont les moteurs de la productivité du travail, laquelle détermine à long terme croissance et prospérité, les voilà confrontés à une étrange panne de la productivité dans les économies avancées. Il ne manque pourtant pas d'économistes au MIT (Massachusetts Institute of Technology) et à l'OCDE (Organisation de coopération et de développement économiques) pour expliquer que les nouvelles technologies de l'information et de la communication (NTIC), dopent en principe la productivité du travail dans toutes les économies. Car, avec la baisse des prix, ces technologies se diffusent dans tous les secteurs d'activité tout en améliorant en permanence leurs performances grâce à la loi de Moore. Mais cette fois les faits semblent résister à la théorie : à l'exception des années 2000, les investissements massifs dans les NTIC n'ont pas eu l'effet annoncé sur la croissance des économies avancées et sur leur productivité. C'est bien le retour du paradoxe de Robert Solow, cet économiste américain, Prix Nobel en 1987, qui s'étonnait que la multiplication des ordinateurs n'ait pas eu d'effets sur les statistiques.

Tout se passe comme si certaines bonnes vieilles lois économiques ne fonctionnaient plus : «On a eu beau accroître le capital par salarié, cela n'a pas accéléré la productivité du travail, qui a ralenti partout », alerte l'économiste de Natixis Patrick Artus. (…). Résumant le désarroi général, Gilbert Cette, économiste à la Banque de France, affirme : «Alors que la diffusion des NTIC dans les entreprises devait en toute logique accélérer les gains de productivité dans l'économie, ceux-ci ont énormément ralenti, et ce bien avant la crise de 2008.»» (Valérie Second, Les économistes face à la mystérieuse panne de la productivité, Le Monde, 30/06/2014)

Dans les années 2000, la réponse à ce type de question a donné l'occasion à certaines branches de l'économie politique bourgeoise, la «nouvelle économie» de s'illustrer en matière d'économie démente et servi de ressort théorique à la grande vague de spéculation qui a fini par emporter les bourses et ouvrir la première crise de surproduction du XXIe siècle.

Nous avons ailleurs (cf. site de Robin Goodfellow) discuté de ces paradoxes comme des errements de la nouvelle économie et montré que, pour une bonne part, outre les questions techniques propres à la mesure du phénomène, l'explication pouvait résider dans l'importance croissante du travail improductif et les effets de la concurrence internationale sur la formation des prix.

Et de 4 ?

A peine certains s'estiment-ils rassasiés en matière de révolutions technologiques que d'autres nous annoncent, comme nous l'avons vu, la quatrième révolution industrielle à base d'usine intelligente. D'autres fractions de la bourgeoisie, dotées d'une encore plus grande hauteur de vue, nous prédisent rien moins qu'un changement de civilisation en faisant converger les Nanotechnologies, la Biologie et les biotechniques, l'Informatique et l'information, les sciences Cognitives et la communication (les NBIC).

Dès lors que l'on a rompu avec la puissance du concept initial et que l'on cherche des "révolutions industrielles" derrière chaque innovation technologique un peu conséquente, rien n'empêche de dire qu'après la "troisième" nous aurons une "quatrième" révolution industrielle. Les candidats ne manquent pas : l'usine 4.0, l'imprimante 3D, les NBIC, le «Big Data»…

Les NBIC, affirment ses hérauts, pourraient, rien que çà, réaliser les rêves de la Renaissance (dixit, Mihail Roco, professeur d'Ingénierie mécanique) et nous permettre de changer de civilisation (dixit, James Canton, futurologue Californien). Le programme est particulièrement alléchant ; c'est l'aboutissement du programme de la métaphysique : l'immortalité de l'âme. Une fois la pensée assimilée au calcul, une fois la vie et la matière représentées sous forme d'algorithmes, il ne reste plus qu'à faire converger les NBIC pour envisager dans une perspective «transhumaniste»[76], un transfert de la conscience humaine dans des machines[77], elles-mêmes évolutives et en interaction avec l'homme. En attendant ce jour béni où, dans une grande symbiose avec la nature, il sera bien vu d'enculer les mouches, nous devons retourner à notre dure réalité basée sur l'exploitation du prolétariat par le capital.

Une véritable révolution

Nous avons longuement réfuté les soi-disant fondements d'une deuxième et troisième révolution industrielle, tout en essayant de montrer quel était le noyau rationnel qui se cache derrière ces représentations mystifiées. De ce point de vue, il reste peu d'espace pour une quatrième. Et ce n'est pas le délire mystique de la pensée métaphysicienne qui pourrait nous pousser à changer d'avis. Ce serait toutefois, d'une part, faire un peu rapidement abstraction de la manière dont le socialisme classe les sciences et appréhende leur évolution et, d'autre part, ne pas voir qu'au contraire une autre révolution est susceptible de se produire.

On oublie souvent que quand le matérialisme historique considère que le facteur déterminant dans l'histoire (en dernière instance) est la

---

[76] Des sociétés ayant pignon sur rue, comme Google semblent très présentes sur ce créneau : «Aujourd'hui, Google est devenu l'un des principaux architectes de la révolution NBIC et soutient activement le transhumanisme, notamment en parrainant la Singularity University qui forme les spécialistes des NBIC. Le terme Singularity désigne le moment où l'esprit humain sera dépassé par l'intelligence artificielle, censée croître exponentiellement dès les années 2045. Ray Kurzweil, le "pape" du transhumanisme, dirige en personne cette université. Ce spécialiste de l'intelligence artificielle est convaincu que les NBIC vont permettre de faire reculer la mort de façon spectaculaire dès le XXIᵉ siècle. Il a été embauché par Google comme ingénieur en chef pour faire du moteur de recherche la première intelligence artificielle de l'histoire. » (Laurent Alexandre, Président de DNA Vision, Le Monde, 18/04/2013)
[77] Le film en superproduction « Transcendence » (2014), avec Johnny Depp, exploite cette idée.

production et la reproduction des modalités de la vie immédiate, il inclut la reproduction de l'espèce[78].

Si la machine révolutionne la production des moyens d'existence, aujourd'hui la biologie est potentiellement capable d'écarter le sexe de la reproduction de l'espèce. La fécondation in vitro, l'insémination artificielle, la gestation pour autrui sont déjà une réalité concrète. Ces pratiques ont encore pour origine des cellules sexuelles ; le clonage[79], les cellules souches et les modifications

---

[78] « Selon la conception matérialiste, le facteur déterminant, en dernier ressort, dans l'histoire, c'est la production et la reproduction de la vie immédiate. Mais, à son tour, cette production a une double nature. D'une part, la production de moyens d'existence, d'objets servant à la nourriture, à l'habillement, au logement, et des outils qu'ils nécessitent; d'autre part, la production des hommes mêmes, la propagation de l'espèce. » (L'origine de la famille de la propriété et de l'Etat)

Cette imprécision est parfois présente chez Engels lui-même : « D'après la conception matérialiste de l'histoire, le facteur déterminant dans l'histoire est, *en dernière instance*, la production et la reproduction de la vie réelle. Ni Marx, ni moi n'avons jamais affirmé davantage. Si, ensuite, quelqu'un torture cette proposition pour lui faire dire que le facteur économique est le *seul* déterminant, il la transforme en une phrase vide, abstraite, absurde. La situation économique est la base, mais les divers éléments de la superstructure – les formes politiques de la lutte de classes et ses résultats, – les Constitutions établies une fois la bataille gagnée par la classe victorieuse, etc., – les formes juridiques, et même les reflets de toutes ces luttes réelles dans le cerveau des participants, théories politiques, juridiques, philosophiques, conceptions religieuses et leur développement ultérieur en systèmes dogmatiques, exercent également leur action sur le cours des luttes historiques et, dans beaucoup de cas, en déterminent de façon prépondérante la *forme*. Il y a action et réaction de tous ces facteurs au sein desquels le mouvement économique finit par se frayer son chemin comme une nécessité à travers la foule infinie de hasards (c'est-à-dire de choses et d'événements dont la liaison intime entre eux est si lointaine ou si difficile à démontrer que nous pouvons la considérer comme inexistante et la négliger). Sinon, l'application de la théorie à n'importe quelle période historique serait, ma foi, plus facile que la résolution d'une simple équation du premier degré. » (Engels, lettre à Bloch, 1890)

[79] Qui reste plus une technique tâtonnante qu'une connaissance éprouvée. Le taux d'échec des clonages est considérable et les clones ne semblent pas être systématiquement aussi viables (vieillissement accéléré, ...) que leur original.

génétiques posent à un autre niveau la question de la reproduction. Les barrières juridiques, éthiques qui leur sont opposés ne résisteront pas devant les avancées de la biologie moléculaire. Toutes ces techniques si elles permettent de se passer de l'homme, ne peuvent, en dépit des recherches sur l'utérus artificiel dont certains, comme Atlan, ont surestimé le potentiel, se passer totalement de la femme.

On pourra toujours invoquer Bordiga qui plaisantait sur le fait qu'on reviendrait toujours avec plaisir aux anciennes méthodes, il n'en demeure pas moins que les perspectives ouvertes par l'évolution de la biologie ne font que rendre toujours plus urgente la réconciliation entre les sexes comme entre l'individu et l'espèce.

Il y aussi un aspect que les laudateurs des révolutions industrielles n'abordent pas, et pour cause, c'est le potentiel apporté par les technologies actuelles pour l'organisation de la société communiste. Par exemple, la monnaie électronique, les cartes bancaires et la technique des cartes à puces en général (ex. la carte vitale), les puces RFID (comme pour le passe Navigo de la RATP), le développement de la téléphonie portable qui est le terminal le plus répandu de l'histoire puisqu'il concerne déjà près des ¾ de l'humanité, Internet, etc. donnent de nouvelles bases matérielles pour régler très facilement la question de la répartition du produit social et tout particulièrement de la partie de la consommation laissée aux soins de chacun (ce qui suppose l'existence d'une contremarque sociale, les «bons de travail», dès lors que la société communiste est dans sa phase inférieure) et également pour la réalisation d'un mécanisme de démocratie directe planétaire.

Conclusion : Penser et classer les sciences

Nous avons montré l'absence de fondement à l'affirmation que l'irruption de l'électronique implique l'existence d'une troisième révolution industrielle. Cela ne signifie pas que le socialisme ne prenne pas en compte – ce serait un comble pour la conception matérialiste de l'histoire – l'histoire et l'histoire des sciences, ainsi que le développement des techniques. Nous avons ainsi montré que, jusqu'à présent, on n'était pas en droit de parler de révolution industrielle ou technologique depuis l'avènement de la révolution industrielle du XVIIIe siècle. En revanche, on serait au contraire en droit de parler de révolution pour ce qui concerne la matière organique.

Le socialisme ne considère pas la science comme un ensemble indistinct. Il ne met pas, en science comme en politique, tout dans le même sac. Il analyse l'histoire des sciences, leur objet, leur évolution, leur méthode et notamment leur capacité à assimiler la dialectique. Plus celle-ci est nécessaire, parce que les lois du mouvement dans le domaine considéré y sont plus complexes, plus le domaine scientifique sera en retard. Le monde organique retarde donc sur le monde inorganique, la biologie retarde sur la mécanique.

Le socialisme envisage donc plusieurs approches de la science, sans pour autant séparer ces diverses formes d'appréhension.

Vu sous l'angle de leur histoire, le développement des sciences reste conditionné par celui de la production. L'astronomie vient en premier, car elle est particulièrement nécessaire aux peuples de pasteurs et d'agriculteurs qui, pour assurer la vie et la survie, doivent anticiper le cycle des saisons, à travers l'observation du cycle des astres, notamment le soleil et la lune. Le champ céleste est aussi celui qui s'impose le plus comme un vaste champ d'observation, y compris sans instrument (le télescope – encore ne s'agit-il que d'une forte lunette – ne sera inventé que par Galilée), mais il est aussi le plus impressionnant avec ses manifestations climatiques spectaculaires (foudre, tonnerre, éclipses) et suscite des explications mystiques. Les premières représentations religieuses sont basées sur des cosmogonies. Pour se perfectionner, l'astronomie a besoin des mathématiques. Celles-ci, conduites nécessairement vers l'abstraction de par leur méthode (abstraction d'ailleurs renforcée par leur histoire et les conceptions métaphysiciennes des mathématiciens) en viennent à oublier qu'elles tirent leurs concepts de la réalité. Les métaphysiciens s'étonnent ensuite, jusqu'à y voir la main de Dieu, devant le constat que les concepts produits par les mathématiques trouvent, parfois plus tard, une application dans la réalité. Les besoins de la ville, la construction des édifices, ainsi que la guerre et la navigation favorisent le développement de la mécanique laquelle a également besoin des mathématiques. De ce point de vue, on peut classer les sciences en fonction de leur utilisation des mathématiques. Nous retrouvons l'ordre de leur développement : astronomie, mécanique, physique, chimie, biologie. Pendant longtemps, seules l'astronomie, la mécanique et les mathématiques connurent un véritable développement, même si évidemment d'autres modes de pensée comme la philosophie s'intéressaient aussi au développement naturel, comme chez Aristote ou Pline l'ancien par exemple. Avec la Renaissance qui marque véritablement le point de départ de l'étude scientifique de la nature, la physique se sépare de la chimie. Celle-ci aussi s'établit comme science, tandis que les sciences de la vie (physiologie, zoologie, botanique, paléontologie, etc.) prennent ensuite leur essor.

Au-delà de ce classement historique, une autre manière de considérer et de classer les sciences est de prendre en compte leur objet. De ce point de vue, le socialisme les classe en fonction des formes du mouvement :

1° La mécanique (y compris l'astronomie) agit au niveau des masses. L'objet de la mécanique est le mouvement des masses (aussi bien terrestres que célestes).

2° La physique s'en tient au mouvement moléculaire

3° La chimie est une physique des atomes. C'est la science des changements qualitatifs qui se produisent par suite d'un changement quantitatif.

4° Engels n'avait fait que pressentir le mouvement scientifique d'où naîtrait une nouvelle conception de la matière[80] . Ce mouvement

---

[80] « Lorsque nous avons défini la physique comme la mécanique du mouvement moléculaire, nous n'avons pas perdu de vue que cette expression n'embrasse nullement dans sa totalité le domaine de la physique d'aujourd'hui. Au contraire. Les vibrations de l'éther [ce concept dans son acception mécaniste sera démenti par la théorie de la relativité

sera assumé par les physiciens plutôt que par les chimistes[81] , d'où son nom. Mais il relève de formes du mouvement et d'un niveau d'intervention bien différents de celui de la physique classique puisqu'il vise un niveau sub-atomique. C'est la physique atomique, la physique des particules. C'est notamment dans cette révolution scientifique que l'on doit chercher le noyau de vérité que recouvre la «troisième révolution industrielle».

5° Engels, également, faute de matériaux, sera conduit à relativement laisser de côté les formes du mouvement organique[82].

NDR] qui interviennent dans les phénomènes de la lumière et du rayonnement calorique ne sont certainement pas des mouvements moléculaires au sens actuel du mot. (...)

Néanmoins, dans les phénomènes électriques et calorifiques, ce sont derechef avant tout les mouvements moléculaires qui entrent en ligne de compte, et il ne peut en être autrement, tant que nous n'en savons pas plus sur l'éther. Mais lorsque nous en serons au point de pouvoir exposer la mécanique de l'éther, elle embrassera aussi mainte chose qui est aujourd'hui nécessairement rangée dans la physique » (Engels, Dialectique de la nature, Editions sociales, p. 113-114) et aussi « Toute la nature qui nous est accessible constitue un système, un ensemble cohérent de corps, étant admis que nous entendons par corps toutes les réalités matérielles, de l'astre à l'atome, voire à la particule d'éther dans la mesure où on admet qu'elle existe » (Engels, Dialectique de la nature, Editions sociales, p. 76)

[81] « La radioactivité relève, désormais de l'histoire de la physique. La chimie n'y intervient plus qu'à titre de technique, pour identifier les isotopes produits par transmutation.

Il est toujours vain de tenter de refaire l'histoire, mais on doit, ici, marquer un point d'arrêt, spéculatif. Pour la première fois, chimie et physique ont été confrontées en même temps à une même énigme, et la chimie s'est trouvée finalement définie comme technique au service de questions posées par les physiciens.

Il est difficile de ne pas voir dans l'acharnement avec lequel Marie Curie continua à purifier le radium pendant que Rutherford se lançait dans l'exploration du noyau atomique un point de bascule tout à la fois événementiel, symbolique et irréversible, c'est-à-dire historique. Car la distribution des rôles qui s'institue ainsi ne ratifie pas une différence préexistante, mais crée une nouvelle image de la physique » (Bernadette Bensaude-Vincent, Isabelle Stengers, Histoire de la chimie, Editions La Découverte).

[82] « Si donc nous voulons étudier ici la nature du mouvement, nous sommes obligés de laisser de côté les formes de mouvement organiques.

Le mouvement communiste, si prompt à répéter les idioties de la bourgeoisie, a pourtant là de quoi exercer sa sagacité en intégrant plus d'un siècle de développement scientifique.

Engels jugeait que, pour l'époque du philosophe, le classement réalisé par Hegel, était complet. Celui-ci distinguait le mécanisme, le chimisme et l'organisme. On peut mesurer le haut degré de parenté entre le classement de Hegel et celui d'Engels[83].

Ce classement ne doit pas laisser l'impression que les diverses sciences sont séparées. Il correspond à un classement des formes du mouvement, et leur disposition suit la succession qui est inhérente à ces formes. Cette succession ne doit pas être artificiellement dialectique comme le fait Hegel, mais doit découler du développement même de la forme du mouvement. Il n'est pas dans notre propos d'aller plus avant dans cet exposé des formes du mouvement. Cette ébauche n'a pas d'autre but que de montrer que, pour le socialisme, il existe une histoire de la science et des techniques. Celles-ci ne sont pas mises dans un grand tout indifférencié. La critique de la science[84], non seulement dans ses

---

Aussi nous limiterons nous par force, - étant donné l'état de la science, - aux formes de mouvement de la nature inanimée. » (Engels, Dialectique de la nature, Editions sociales, p. 75)

[83] « Le mécanisme, c'est le mouvement des masses ; le chimisme, le mouvement des molécules (car la physique y est aussi comprise et les deux font bien partie du même ordre) et des atomes ; l'organisme, c'est le mouvement de corps tel que l'un est inséparable de l'autre » (Engels, Dialectique de la nature, Editions sociales, p. 255)

[84] C'est ce que rappelait la gauche communiste d'Italie :

« Lançons donc le cri de guerre qui laisse perplexes tous ceux qui sont aveuglés par la force des lieux communs putrides : à bas la science. » (Programme du communisme intégral et théorie marxiste de la connaissance Réunion de Milan 1962).

« Alors la révolution, accompagnée de la vague des générations qui ne sont plus dénaturées par votre abrutissante société, révisera vos textes et vos formules, et elle enseignera la science nouvelle. Elle daignera vous expliquer votre histoire et votre « anti-histoire ». Elle n'emploiera pas pour cela une chaire, mais la force, et, s'il le faut, la Terreur ». (La vie dans le cosmos. 1962)

Citons aussi Lafargue « Les Haeckel du Darwinisme, qui pour mériter les bonnes grâces des capitalistes, ont voulu rabaisser la science au niveau d'une religion, n'ont que prouvé, ce que les socialistes savaient déjà, qu'en

effets sociaux mais aussi dans ses présupposés méthodologiques qui les conduit à bien des hypothèses absurdes est un devoir du mouvement révolutionnaire. Cela ne passe pas par l'admiration béate pour les soi-disant «révolutions technologiques» dont la bourgeoisie aime habiller la féroce exploitation du prolétariat dont elle se nourrit, mais par un combat sans merci contre la bourgeoisie, son idéologie, sa science, et toujours, ses religions.

---

fait de servilisme les savants valent les prêtres; et qu'ils avaient bien agi, ces révolutionnaires du siècle dernier, qui avaient tranché la tête de Lavoisier ce père de la chimie moderne et ce complice des financiers qui ruinaient la révolution. Les Darwiniens de France, d'Allemagne et d'Angleterre ne réussiront pas à falsifier les enseignements de la science jusqu'à en faire des moyens d'oppression intellectuelle. La science a toujours été et continuera toujours à être révolutionnaire ; elle déracinera les préjugés semés à larges mains par la classe possédante pour soutenir son pouvoir chancelant. Cette théorie darwinienne, qui devait consacrer scientifiquement l'inégalité sociale, arme au contraire les matérialismes communistes avec de nouveaux arguments pour appeler à révolte les classes opprimées contre cette société barbare, où ceux qui sèment la richesse ne récoltent que la pauvreté, où toutes les récompenses sociales sont emportées par les plus incapables et les plus inutiles, où les lois de l'évolution organique sont ignorées, méconnues et contrecarrées.. » (Lafargue, Le matérialisme économique de Karl Marx, II le milieu naturel : théorie darwinienne, p. 5, Bibliothèque socialiste, Cours d'économie sociale.)

« Devant les désastres accumulés sur la France par cette guerre, devant son effondrement national et sa ruine financière, ces classes moyennes sentent que ce n'est pas la classe corrompue de ceux qui veulent être les négriers de la France, mais que ce sont seules les aspirations viriles et la puissance herculéenne de la classe ouvrière qui peuvent apporter le salut !
Elles sentent que seule la classe ouvrière peut les émanciper de la tyrannie des prêtres, faire de la science non plus un instrument de domination de classe, mais une force populaire, faire des savants eux-mêmes non plus des proxénètes des préjugés de classe, des parasites d'Etat à l'affût de bonnes places et des alliés du capital, mais de libres agents de la pensée !
La science ne peut jouer son rôle authentique que dans la République du Travail. » (Marx, Essais de rédaction de « La guerre civile en France »)

Le mode de production capitaliste freine le progrès technique : la limite des coûts de production

Introduction

Nous avons vu dans notre texte précédent que la bourgeoisie et ses thuriféraires n'avaient de cesse de s'ébaubir des «progrès techniques», des «avancées technologiques» au point de voir des «révolutions industrielles» tous les quatre matins. Pourtant, le développement des techniques actuelles recèle des possibilités de gains phénoménaux en termes de productivité du travail, de réduction de la pénibilité des tâches et, *in fine* de réduction du temps de travail qui reste un des grands effets de la machine et un objectif majeur de et pour l'émancipation du prolétariat

Dans ce texte, nous ne mettrons en évidence qu'un[85] des facteurs qui contribuent à freiner le développement du progrès technique en

---

[85] Marx démontre qu'au-delà d'un certain point, le mode de production capitaliste est incompatible avec toute amélioration rationnelle. Ici, la raison en est que la généralisation de certains de ces progrès menace directement l'existence d'un trop grand nombre de capitalistes. Elle conduirait à accélérer, de manière insupportable pour l'existence du capital, leur disparition en poussant trop avant la concentration et à la centralisation du capital.

« Qu'est-ce qui pourrait mieux caractériser le mode de production capitaliste que cette nécessité de lui imposer par des lois coercitives et au nom de l'Etat les mesures sanitaires les plus simples ?

« La loi de fabrique de 1864 a déjà fait blanchir et assainir plus de deux cents poteries où pendant vingt ans on s'était consciencieusement abstenu de toute opération de ce genre ! (Voilà l'abstinence du capital.) Ces établissements entassaient vingt-sept mille huit cents ouvriers, exténués de travail la nuit et le jour, et condamnés à respirer une atmosphère méphitique imprégnant de germes de maladie et de mort une besogne d'ailleurs relativement inoffensive. Cette loi a multiplié également les moyens de ventilation »

Cependant, elle a aussi prouvé qu'au-delà d'un certain point le système capitaliste est incompatible avec toute amélioration rationnelle. Par exemple, les médecins anglais déclarent d'un commun accord que, dans le cas d'un travail continu, il faut au moins cinq cents pieds cubes d'air pour chaque personne, et que même cela suffit à peine. Eh bien, si par toutes ses mesures coercitives, la législation pousse d'une manière indirecte au remplacement des petits ateliers par des fabriques, empiétant par-là sur le droit de propriété des petits capitalistes et constituant aux grands un monopole assuré, il suffirait d'imposer à tout atelier l'obligation légale de

étudiant l'influence du niveau des salaires sur l'introduction d'une nouvelle machine.

Le point de vue de Marx

Dans le livre I du «Capital», Marx écrit :

«Considéré exclusivement comme moyen de rendre le produit meilleur marché, l'emploi des machines rencontre une limite. Le travail dépensé dans leur production doit être moindre que le travail supplanté par leur usage. Pour le capitaliste cependant cette limite est plus étroite. Comme il ne paye pas le travail mais la force de travail qu'il emploie, il est dirigé dans ses calculs par la différence de valeur entre les machines et les forces de travail qu'elles peuvent déplacer. La division de la journée en travail nécessaire et surtravail

---

laisser à chaque travailleur une quantité d'air suffisante, pour exproprier d'une manière directe et d'un seul coup des milliers de petits capitalistes ! Cela serait attaquer la racine même de la production capitaliste, c'est-à-dire la mise en valeur du capital, grand ou petit, au moyen du libre achat et de la libre consommation de la force de travail. Aussi ces cinq cents pieds d'air suffoquent la législation de fabrique. La police de l'hygiène publique, les commissions d'enquêtes industrielles et les inspecteurs de fabrique en reviennent toujours à la nécessité de ces cinq cents pieds cubes et à l'impossibilité de les imposer au capital. Ils déclarent ainsi en fait que la phtisie et les autres affections pulmonaires du travailleur sont des conditions de vie pour le capitaliste. » (Marx, Capital, L.I, Pléiade, T. 1, p. 984-985)

D'un autre côté, le monopole est synonyme de parasitisme et de limitation du progrès technique.
« Néanmoins, comme tout monopole, il engendre inéluctablement une tendance à la stagnation et à la putréfaction. Dans la mesure où l'on établit, fût-ce momentanément, des prix de monopole, cela fait disparaître jusqu'à un certain point les stimulants du progrès technique et, par suite, de tout autre progrès; et il devient alors possible, sur le plan économique, de freiner artificiellement le progrès technique. Un exemple : en Amérique, un certain Owens invente une machine qui doit révolutionner la fabrication des bouteilles. Le cartel allemand des fabricants de bouteilles rafle les brevets d'Owens et les garde dans ses tiroirs, retardant leur utilisation. » (Lénine, L'impérialisme, stade suprême capitalisme, chapitre 8)

diffère, non seulement en divers pays, mais aussi dans le même pays à diverses périodes, et dans la même période en diverses branches d'industrie. En outre, le salaire réel du travailleur monte tantôt au-dessus, et descend tantôt au-dessous de la valeur de sa force. De toutes ces circonstances, il résulte que la différence entre le prix d'une machine et celui de la force de travail peut varier beaucoup, lors même que la différence entre le travail nécessaire à la production de la machine, et la somme de travail qu'elle remplace reste constante. Mais c'est la première différence seule qui détermine le prix de revient pour le capitaliste, et dont la concurrence le force à tenir compte. Aussi voit-on aujourd'hui des machines inventées en Angleterre qui ne trouvent leur emploi que dans l'Amérique du Nord. Pour la même raison, l'Allemagne aux XVI° et XVII° siècles, inventait des machines dont la Hollande seule se servait; et mainte invention française du XVIII° siècle n'était exploitée que par l'Angleterre.

En tout pays d'ancienne civilisation, l'emploi des machines dans quelques branches d'industrie produit dans d'autres une telle surabondance d'ouvriers (redundancy of labour, dit Ricardo), que la baisse du salaire au-dessous de la valeur de la force de travail, met ici obstacle à leur usage et le rend superflu, souvent même impossible au point de vue du capital, dont le gain provient en effet de la diminution, non du travail qu'il emploie, mais du travail qu'il paye.» (Marx, Capital, L. I, Pléiade, T.1, p. 937-938)

Par conséquent, le capitaliste prend uniquement en compte dans ses calculs, le coût de production et non la valeur ou le prix de production de la marchandise.

Dans une note propre à la seconde édition allemande du Capital, Marx déduit immédiatement de ce constat que la société communiste aurait, du fait de son organisation sociale, une efficacité économique supérieure dans la mesure où elle prendrait en compte la totalité du travail dépensé dans la production et non seulement la partie présente dans les coûts de production.

«Dans une société communiste, le machinisme occuperait, par conséquent, une toute autre place que dans la société bourgeoise» (Marx, Capital L.I, La Pléiade, T.1, p. 937)

Ce point de vue de Marx, dès lors que l'on accepte sa théorie de la valeur demeure donc tout à fait valable.

Après avoir illustré son propos nous chercherons à démontrer que plus le mode de production capitaliste est développé et prospère plus il freine – relativement – le progrès technique.

Un exemple

Prenons un exemple. Pour le simplifier nous supposerons que le capital constant est uniquement composé de capital fixe (imaginons une turbine à eau pour produire de l'électricité) et que la rotation de ce capital fixe est égale à l'unité. Ainsi, il n'y a pas de différence entre le capital constant avancé et le capital dépensé dans la production de la marchandise. Nous posons également une égalité entre la valeur et le prix du capital constant.

Nous supposerons également que le progrès éventuel de la force productive du travail, n'a pas de répercussion sur la valeur de la force de travail. Nous ignorons donc ici le procès valorisation-dévalorisation du capital. De cette manière, le rapport de la plus-value au capital variable reste constant ; le taux de plus-value demeure identique. Enfin, la force de travail libérée, ne pèse pas sur le prix de la force de travail ; le prix de la force de travail reste égal à sa valeur.

Supposons que la valeur de la marchandise soit la suivante :

Situation A :

200 c + 1000 v + 1000 pl = 2 200

Supposons qu'une nouvelle machine, une turbine plus performante par exemple, fasse son apparition et qu'elle puisse diviser par deux la masse du travail vivant nécessaire à la production de la marchandise. Là où hier 10 ouvriers étaient employés (situation A), il en suffit aujourd'hui de 5 (situation B) grâce à cette nouvelle machine.

Quelle est la valeur maximale, notée X, que peut avoir cette machine pour être mise en service ?

Situation B :

X c + 500 v + 500 pl = X + 1000

Le résultat sera très différent suivant que l'on se place du point de vue du capitaliste ou d'une société communiste. Nous allons voir successivement les deux manières d'approcher la question.

La comptabilité du capitaliste

Le capitaliste compare les coûts de production dans les deux situations. En A, le coût de production est de 1 200 (200 c + 1 000 v). En B, le coût de production est de 500 + X (X c + 500 v). Le capitaliste mettra en œuvre la nouvelle machine si le coût de production de la marchandise est plus bas en B qu'en A. Par conséquent la machine doit avoir une valeur maximale de :

$1200 = X + 500$

Soit $X = 700$.

Si la machine à une valeur inférieure à 700, elle sera mise en application par le capitaliste car il réduit ainsi son coût de production. Celui-ci prend en compte le prix du capital constant et, pour ce qui est du travail vivant, uniquement le prix de la force de travail. La valeur de la machine peut passer de 200 à 700 soit une différence de 500 parce que le capital variable employé est divisé par deux et passe de 1000 à 500 soit une différence inverse de 500. Le temps de travail supplémentaire pour produire la machine ne peut être supérieur à la valeur de la force de travail supplantée par son utilisation. Par exemple, si la machine vaut 400, soit deux fois plus que la machine actuelle, mais qu'elle double la productivité du travail vivant nous obtenons le résultat suivant :

Situation B avec $X=400$

400 c + 500 v + 500 pl = 1 400

Le coût de production diminue. Il passe de 1 200 à 900 tandis que la valeur de la marchandise baisse de 2 200 à 1 400.

En revanche, si la machine valait 800, les coûts de production seraient augmentés. Ils passeraient de 1 200 à 1 300 (800 c + 500 v). Dans ce cas, comme il y a renchérissement des coûts de production, le capitaliste n'achèterait pas la machine. Elle ne serait pas mise en service alors même que le temps de travail pour produire la marchandise diminuerait. En effet, bien que le coût de production de la marchandise augmente, le temps de travail pour la produire diminue.

Dans l'hypothèse d'une valeur de la machine égale à 800, la valeur tombe de 2 200 (situation A) à 1 800 (800 c + 500 v + 500 pl). Par conséquent, bien que la machine puisse économiser la peine des hommes, elle ne sera pas mise en place dans le cadre du mode de production capitaliste car son utilisation renchérit les coûts de production. Il n'en irait en rien de même dans une société communiste car celle-ci prendrait en compte l'ensemble du temps de travail et non seulement la partie incorporée dans les coûts de production.

Le point de vue de la société communiste

Dans le cadre de la société communiste, le choix repose sur l'ensemble du temps de travail. Si le produit suppose une dépense de temps de travail de l'ordre de 2 200 heures et qu'une nouvelle machine permet d'abaisser ce temps de travail, elle peut théoriquement être mise en œuvre. Il suffit qu'elle engendre une baisse du temps de travail total pour trouver une justification[86].

Le temps de travail dépensé pour produire la machine peut alors être bien plus élevé, que dans le cadre du mode de production capitaliste.

Si nous revenons à notre exemple nous avons alors l'équation suivante[87] :

---

[86] Nous laissons de côté ici les motivations, par exemple la sécurité, qui pourraient justifier l'emploi d'une machine qui augmente le temps de travail global dans la société pour assurer la réalisation de travaux dangereux ou insalubres dans certaines branches spécifiques.

[87] Bien entendu, dans la société communiste, la forme argent est abolie ; il n'en demeure pas moins qu'il subsiste une comptabilité sociale sur la base du temps de travail accompli par le travail associé. Ce travail est réputé d'emblée social, dans la mesure où il est reconnu utile à la communauté. Le travail est social avant d'être accompli, parce qu'il est médiatisé par la communauté. Il ne le devient pas par la médiation du travail abstrait et de l'argent sur le marché, une fois la production accomplie, comme dans la société bourgeoise. La valeur et ses formes sont abolies. Le mode de calcul du capitaliste repose sur les coûts de production exprimés en argent

200 c + 1000 v + 1000 pl = X c + 500 v + 500 pl

Dès lors que le temps de travail global baisse, la machine présente un intérêt. Il suffit donc que le temps de travail total soit inférieur à 2 200 pour prendre en considération le progrès technique apporté par une nouvelle machine plus performante. Le temps de travail maximal qui peut être consacré à la machine est donc de :

X = 1 200 (2 200 − 1000)

Dans le mode de production capitaliste, la valeur de la machine ne peut pas atteindre 700, alors que dans une société communiste on pourrait aller jusqu'à consacrer 1 200 heures à sa fabrication. Les limites du progrès technique sont donc repoussées d'autant. Une machine représentant 800 heures de travail dans le cadre de la production capitaliste ne serait pas mise en œuvre alors qu'elle occasionnerait une baisse du temps de travail total de 400 heures (1800 heures au lieu de 2 200 heures). Le mode de production capitaliste contraint l'homme au travail pour lui extorquer le maximum de surtravail.

La révolution industrielle a posé le principe d'une hausse illimité de la force productive du travail, mais elle ne peut entièrement se réaliser dans le cadre du mode de production capitaliste car celui-ci ne développe cette force productive que dans un but limité : la production d'un maximum de plus-value. Le mode de production capitaliste est un obstacle au progrès technique.

---

ce qui, nous le verrons, lui occasionne une nouvelle contrainte qui amplifie les limites du progrès technique. Dans nos exemples, il ne faut donc pas oublier le contexte propre de chaque société que, pour des raisons évidentes liées à la comparaison des calculs, nous ne mettons pas systématiquement en exergue.

«Dans l'hypothèse d'une production socialisée, le capital-argent disparaît. La société répartit la force de travail et les moyens de production dans les différentes branches d'industrie. Le cas échéant, les producteurs pourraient recevoir des bons leur permettant de prélever sur les réserves de consommation de la société des quantités correspondant à leur temps de travail. Ces bons ne sont pas de l'argent. Ils ne circulent pas.» (Marx, Capital, Livre II, Pléiade, T.2, p.863)

Récapitulatif

Nous pouvons dresser un tableau simplifié des variations de la valeur de la machine et de ses conséquences pour le coût de production et la valeur de la marchandise.

L'hypothèse de départ est une division par deux du temps de travail vivant grâce à la mise en œuvre d'une nouvelle machine. Il passe donc de 2 000 à 1 000, tout en conservant la même répartition entre capital variable et plus-value. Tout au long du tableau le capital variable et la plus-value sont donc égaux à 500.

Nous procédons ensuite à diverses hypothèses sur la valeur de la machine avec un pas décroissant de 100.

Quand le temps de travail consacré à la machine est supérieur à 700 et inférieur à 1200 seule la société communiste met en œuvre la machine. C'est la partie du tableau en caractères noirs gras. A partir de 700, le seuil théorique du progrès technique, elle peut être utilisée dans le cadre du mode de production capitaliste (aux réserves près apportées par les risques de fluctuation des prix). Cette partie est indiquée à en caractères noirs sans emphase. En dessous de 200, le progrès technique permet de diminuer non seulement le travail vivant mais aussi le capital constant. Cette partie est symbolisée par des caractères noirs en italique.

Valeur de la machine	*0*	*100*	200	300	400	500	600	700	800	900	1000	1100	1200
Capital variable	*500*	*500*	500	500	500	500	500	500	500	500	500	500	500
Coût de production	*500*	*600*	700	800	900	1000	1100	1200	1300	1400	1500	1600	1700
Plus-value	*500*	*500*	500	500	500	500	500	500	500	500	500	500	500
Valeur de la marchandise	*1000*	*1100*	1200	1300	1400	1500	1600	1700	1800	1900	2000	2100	2200
			Seuil du progrès technique diminuant la valeur du capital constant					Seuil du progrès technique propre au MPC					

Le graphique suivant met en perspective le tableau ci-dessus.

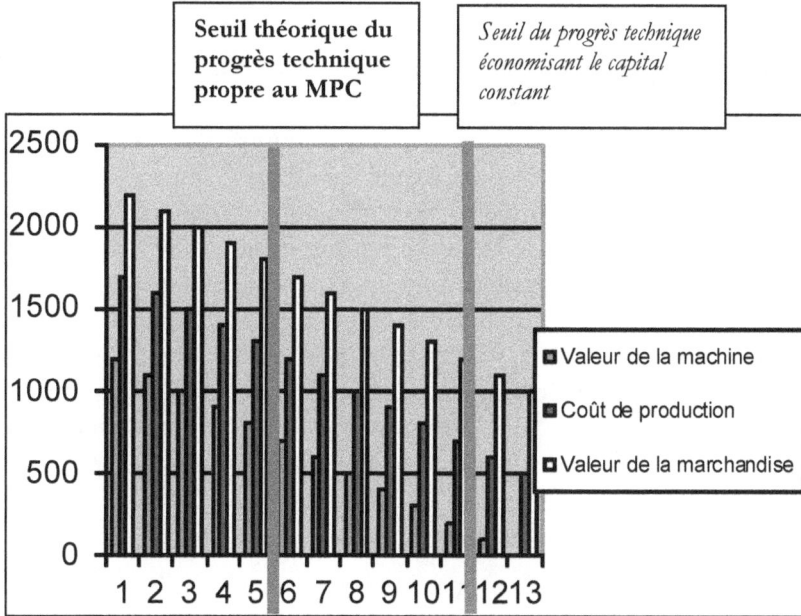

| Seuil théorique du progrès technique propre au MPC | *Seuil du progrès technique économisant le capital constant* |

Par conséquent :

1° si la valeur de la machine est supérieure à 700, elle ne trouve pas d'application dans le cadre du mode de production capitaliste

2° si la valeur de la machine est comprise entre 1 200 et 700 elle pourrait trouver un usage dans le cadre d'une société communiste dans la mesure où elle permet de réduire le temps de travail.

Le calcul économique du capitaliste : un calcul incertain

Nous avons ici raisonné, comme si le capitaliste maîtrisait les paramètres sur lesquels il fonde son calcul. Marx montre, nous l'avons vu, qu'il n'en est pas ainsi. Par conséquent, il faut dans bien des cas que le gain de productivité sur la base des coûts de production soit probant pour que le capitaliste se décide à mettre en place une nouvelle machine. Outre les facteurs liés au risque propre de l'instabilité de la machine – pannes, difficulté à exécuter le procès de travail exactement requis – que nous n'aborderons pas ici, les facteurs propres à la lutte des classes rendent ce calcul économique incertain. Une machine qui vaut 680 peut théoriquement être mise en place par le capitaliste, mais une fluctuation des salaires à la baisse (baisse d'autant plus plausible que la machine libère des ouvriers et que leur concurrence fait baisser le salaire) pourrait remettre en cause le choix qui vient d'être fait. Si ce choix n'est pas remis en cause dans la branche, Marx montre que ce processus pénalise l'introduction des machines dans d'autres branches d'industrie. Indépendamment des fluctuations du prix de la force de travail, le mouvement de la valeur lui-même, la dévalorisation de la force de travail peut remettre en cause le progrès technique. En effet, la hausse de la productivité induite par la machine peut entraîner une baisse de la valeur de la force de travail si les éléments matériels qui la constituent sont reproduits avec moins de temps[88]. Il existe donc un no man's land potentiel du progrès technique, celui où la hausse de la productivité en abaissant les coûts de production viendrait remettre en cause le calcul économique établi sur la base des coûts précédents.

Quelles qu'en soient les raisons, il existe donc une zone autour de la zone limite, une sorte de no man's land du progrès technique, une zone grise instable et mouvante, que le capitaliste ne peut envisager avec certitude et cet élément est également un facteur supplémentaire pour freiner le progrès technique. Au seuil théorique du progrès technique se joint un seuil pratique, flou et instable, qui repousse la limite de rentabilité du progrès technique.

Si nous reprenons notre tableau d'exemple, nous pouvons illustrer nos propos par une zone grise dans laquelle le progrès technique théorique n'est pas assuré d'être viable.

---

[88] Ces questions liées au processus de valorisation et dévalorisation méritent à eux seuls des développements importants qu'il n'est pas possible de traiter ici.

Valeur de la machine	0	100	200	300	400	500	600	700	800	900	1000	1100	1200
Capital variable	500	500	500	500	500	500	500	500	500	500	500	500	500
Coût de production	500	600	700	800	900	1000	1100	1200	1300	1400	1500	1600	1700
Plus-value	500	500	500	500	500	500	500	500	500	500	500	500	500
Valeur de la marchandise	1000	1100	1200	1300	1400	1500	1600	1700	1800	1900	2000	2100	2200
			Seuil du progrès technique diminuant la valeur du capital constant					Seuil du progrès technique propre au MPC					

A contrario, le machinisme et le progrès technique apparaîtront comme des armes de guerre aux mains de la classe capitaliste pour briser les prétentions salariales et sociales du prolétariat. Les hausses de salaires acquises facilitent la mise en œuvre de machines qui ruinent les positions du prolétariat, reconstituent l'armée de réserve industrielle et accroissent la concurrence entre ouvriers.

Dans la mesure où la monnaie, la valeur et les prix sont abolis et que le calcul économique porte sur le temps de travail total et non sur les seuls coûts de production la société communiste ne connaît pas cette instabilité et ce risque dans la décision.

Evolution du progrès technique

La question qui se pose à nous maintenant est de savoir comment évolue cette limite propre au mode de production capitaliste ? Quelle est l'influence de la productivité du travail ? Le frein relatif que pose le mode de production capitaliste au progrès technique s'accroît-il avec le développement de ce mode de production ou, au contraire, s'atténue-t-il ?

Pour ce faire nous pouvons comparer les résultats[89] obtenus par les deux types de sociétés : la société communiste et le mode de production capitaliste. Si, sous l'influence des paramètres que nous voulons étudier, l'écart relatif entre le communisme et le capitalisme augmente alors nous pouvons en conclure que plus le MPC est développé plus il freine le progrès technique

Avant de généraliser les résultats sous une forme abstraite, valable pour l'ensemble des cas de figure, reprenons notre exemple.

Un exemple numérique

Dans la situation initiale (A) nous avons une marchandise dont la valeur est de 2200. Elle se décompose en 200 de capital constant, 1000 de capital variable. Le coût de production est donc de 1 200. En ajoutant la plus-value nous obtenons la valeur totale de la

---

[89] Ceci suppose que nous les ramenions à des critères quantitatifs communs – le temps de travail – dont il ne faut pas oublier les grands différences qualitatives (le communisme ne connaît pas la forme valeur).

marchandise soit 2 200. La composition organique du capital s'élève à 0,2 (200/1000) et le taux de plus-value à 100% (1000/1000).

Par conséquent la situation initiale se résume ainsi

200 c + 1 000 v + 1 000 pl = 2 200 (valeur de la marchandise)

Le tableau suivant prend en compte diverses hypothèses quant à la variation de la productivité (colonne 1). Il est fait l'hypothèse que la nouvelle machine est susceptible de diviser le travail vivant par 1,5 puis 2 puis 3, etc.

Plus on descend dans le tableau plus la productivité est importante. Dans la colonne suivante (colonne 2) nous retrouvons le temps de travail limite possible pour la machine dans une société communiste. La colonne suivante (3) établit la valeur limite de la machine dans le cadre du mode de production capitaliste. La colonne 4 calcule le rapport entre le communisme et le mode de production capitaliste en rapportant l'une à l'autre les deux valeurs limites. La colonne 5 indique le temps de travail additionnel limite qui peut être consacré à la machine pour un niveau donné de la productivité dans une société communiste. En ajoutant le temps de travail initial du capital constant nous obtenons le résultat de la colonne 2. La colonne 6 contient la valeur additionnelle de la machine dans le cadre du capitalisme. Cette valeur additionnelle s'ajoute à la valeur de la machine dans la situation initiale pour former la valeur limite de la colonne 3. La colonne 8 calcule le montant du capital variable compte tenu du niveau de la productivité. La colonne 9 calcule le montant de la plus-value. Le taux de plus-value est supposé constant. La colonne 10 indique le temps de travail limite consacré au produit dans le communisme et la dernière colonne (11) la valeur de la marchandise dans le capitalisme.

1 Indice de productivité	1,5	2	3	4	5	10	100
2 Temps de travail limite communisme	866 2/3	1200	1533 1/3	1700	1800	2000	2180
3 Valeur limite MPC	533 1/3	700	866 2/3	950	1000	1100	1190
4 Rapport entre 2 et 3	1,625	1,71	1,77	1,79	1,8	1,81	1,83
5 Temps de travail additionnel communisme	666 2/3	1000	1333 1/3	1500	1600	1800	1980
6 Valeur additionnelle MPC	333 1/3	500	666 2/3	750	800	900	990
7 Rapport entre 5 et 6	2	2	2	2	2	2	2
8 Capital variable	666 2/3	500	333 1/3	250	200	100	10
9 Plus-value	666 2/3	500	333 1/3	250	200	100	10
10 Temps de travail total société communiste	2200	2200	2200	2200	2200	2200	2200
11 Valeur de la marchandise MPC	1866 2/3	1700	1533 1/3	1450	1400	1300	1210

Récapitulatif des indications portées dans les colonnes.

1 : Indicateur de productivité (nous le notons p)

2 : Temps de travail limite consacré à la production de la machine dans la société communiste

3 : Valeur limite de la machine dans le cadre du MPC

4 : Rapport entre 2 et 3

5 : Temps de travail additionnel limite pour la machine dans le cadre d'une société communiste

6 : Valeur additionnelle limite de la valeur de la machine dans le MPC

7 : Rapport entre 5 et 6

8 : Capital variable

9 : Plus-value

10 : Temps de travail limite total dans la société communiste

11: Valeur de la marchandise dans le cadre du MPC

L'exemple nous montre que le rapport entre les valeurs limites additionnelles est constant quel que soit le niveau de la productivité. Mais dans cet exemple, le taux de plus-value est supposé constant. Généralisons l'exemple numérique en passant par une représentation algébrique qui nous permettra d'envisager tous les cas possibles.

Généralisation

La valeur limite dans le communisme est égale à la somme du temps de travail déplacé soit

$$(1) \quad (V + Pl)\, \alpha$$

Avec V : capital variable, Pl : plus-value et α : indicateur de productivité.

Par rapport à l'indicateur présent dans le tableau $\alpha = (1 - 1/p)$

Dans le mode de production capitaliste le calcul ne porte que sur le capital variable soit

$$(2) \quad V\, \alpha$$

Le rapport du communisme au capitalisme est donc de

$$(3)\ (V + Pl)\ \alpha / V\ \alpha.$$

Nous pouvons simplifier ce rapport en

$$(4)\ V + Pl / V.$$

D'autre part $Pl = V\ t$ où t est le taux de plus-value

Par conséquent nous obtenons $V (1 + t) / V$ qui après une nouvelle simplification nous donne :

$$(5)\ 1 + t.$$

Le rapport entre le communisme et le capitalisme est donc de $1 + t$.

Comme t, le taux de plus-value, le taux d'exploitation augmente avec le développement de la production capitaliste nous pouvons conclure que plus le mode de production capitaliste est développé, plus il freine relativement le progrès technique.

Quand nous prenons en compte les conditions initiales et non plus la seule variation de valeur, c'est-à-dire quand nous prenons en compte une composition organique donnée, nous constatons que, dans le tableau, l'écart entre le communisme et le capitalisme s'accroît avec le développement de la productivité. Quand la productivité tend vers l'infini et donc quand α tend vers 1, le rapport tend vers 1,833.

Nous pouvons également généraliser les résultats illustrés dans le tableau.

Nous avons pour le communisme une valeur limite totale de la machine égale à :

$$(1)\ C + (V + Pl)\ \alpha$$

Pour le mode de production capitaliste, cette valeur limite est de :

$$(2)\ C + V\ \alpha$$

Nous savons que $Pl = Vt$. La plus-value est égale au capital variable que multiplie le taux d'exploitation.

Nous pouvons donc modifier l'équation (1) en :

$$(3)\ C + V\ \alpha\ (1 + t)$$

D'autre part, nous pouvons poser $C = V\ n$. Le capital constant est égal au capital variable que multiplie la composition organique du capital (n).

Compte tenu de ces résultats nous pouvons modifier les équations (3) et (2) qui deviennent :

$$(4)\ V\,n + V\,\alpha\,(1+t)\ ou\ V\,(n + \alpha\,(1+t))$$

$$(5)\ V\,n + V\,\alpha\ ou\ V\,(n + \alpha)$$

Si nous formons le rapport du communisme au capitalisme soit (4)/(5) nous obtenons :

$$(6)\ V\,(n + \alpha\,(1+t))/\,V\,(n + \alpha).$$

Cette équation se simplifie en

$$(7)\ (n + \alpha\,(1+t))/(n + \alpha).\ \text{Soit}\ n + \alpha + \alpha t\ /\ n + \alpha$$

ce qui devient

$$(8)\ 1 + t\,\alpha/n + \alpha$$

Quand la productivité tend vers l'infini α tend vers 1 et l'équation tend vers :

$$(9)\ 1 + t/n+1\ \text{soit}\ 1 + \text{le taux de profit.}$$

Quand le taux de profit s'élève, plus le mode de production capitaliste est profitable, plus il est prospère et plus il freine le progrès technique. Avec le développement de la production capitaliste, lorsque le capital prend de l'importance et que s'amorce une baisse tendancielle du taux de profit, l'écart entre les progrès techniques potentiels se réduit. Plus le capital est accumulé, plus il s'essouffle, plus l'écart diminue, plus la société bourgeoise doit accoucher d'une autre société.

Il est facile de retrouver à partir de la dernière équation le premier grand résultat que nous avons mis en évidence. Il suffit de poser que les conditions initiales sont nulles, c'est-à-dire qu'il n'existe pas de capital constant. Dans ce cas l'équation $1 + t/n+1$ devient $1 + t$ car n est nul.

Ces résultats valent parmi les raisons, et non des moindres, pour lesquelles le sort de l'humanité exige de manière urgente de se débarrasser d'un mode de production qui a apporté un bond considérable dans le développement social mais qui est devenu une entrave au libre développement de l'espèce et à sa maîtrise de ses conditions de vie et de reproduction naturelle et sociale.

Du même auteur

Crise du capital, crise de l'entreprise
Aux fondements des crises ; le marxisme de la chaire et les crises
Le marxisme en résumé.
Le marxisme et la république démocratique (à paraître)

D'autres textes sont disponibles sur :

Site web : http://www.robingoodfellow.info/
Blog : http://defensedumarxisme.wordpress.com/
Facebook : https://www.facebook.com/robin.goodfellow.5015

Robin Goodfellow Editions
BP 60048
92163 Antony cedex
France
ISBN : 978-2-37161-009-5
Dépôt légal : Octobre 2014

ISBN 978-2-37161-009-5   90000

9 782371 610095

http:// www.robingoodfellow.info
robin.goodfellow@robingoodfellow.info

Titre : De la révolution industrielle
Type de document : Texte imprimé
Auteur : Robin Goodfellow
Lieu d'édition : Paris
Editeur : Robin Goodfellow
Date d'édition : Octobre 2014
Collation : 99 p.
Présentation : Couverture en couleur
Illustration couverture : Photo montage Robin Goodfellow
Format : 22,86 cm (15,24 x 22,86 ; 6 x 9 pouces)
ISBN : 978-2-37161-009-5
Langues : Français (Fre)
Imprimeur : lulu.com
Imprimé en France
Vente en ligne : lulu.com

9 782371 610095